U0669381

CEIBS | 中欧经管图书

管理新经典译丛

无所不在的谈判课

不同文化中的人们如何谈判?

[法] 冯海(Guy Oliver Faure) 著

张潇予 译

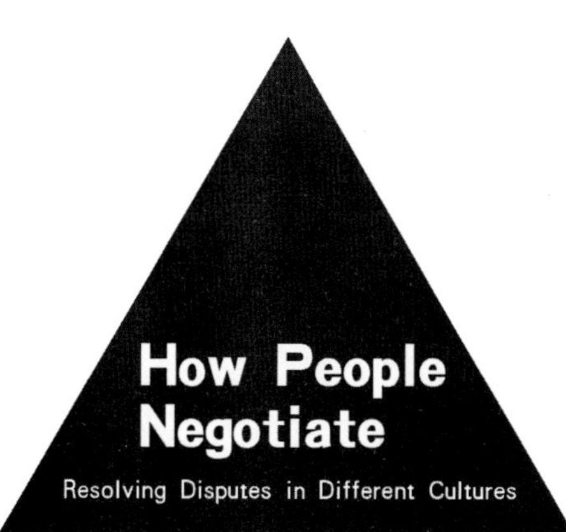

内容提要

本书讲述了34个新奇、有趣的故事，介绍了不同文化背景中的人们如何解决争端，并由此揭示了行之有效的谈判策略和技巧。内容涉及谈判的定义和范围，问题的界定与参照点，风险与压力管理，升级与陷阱，欺骗、诡计和谋略，公平，权力问题，文化问题与身份，第三方的干预与调解等方面。

本书案例丰富，适合商务人士和谈判学师生阅读和研究。

图书在版编目(CIP)数据

无所不在的谈判课：不同文化中的人们如何谈判？/(法)冯海著；张潇予译. —上海：上海交通大学出版社，2013
(中欧经管经典译丛)
ISBN 978-7-313-09562-6

Ⅰ.①无… Ⅱ.①冯…②张… Ⅲ.①谈判—案例
Ⅳ.①C912.3

中国版本图书馆CIP数据核字(2013)第061005号

无所不在的谈判课
——不同文化中的人们如何谈判？

[法]冯　海　著
张潇予　译

上海交通大学 出版社出版发行
(上海市番禺路951号　邮政编码200030)
电话：64071208　出版人：韩建民
上海春秋印刷厂印刷　全国新华书店经销
开本：710mm×1000mm　1/16　印张：16　字数：214千字
2013年4月第1版　2013年4月第1次印刷
ISBN 978-7-313-09562-6/C　定价：48.00元

序

很荣幸能为本书作序。本书应能在新世纪的文献中取得一个重要席位。它关注实践和概念，总结了我这个经济学家、律师、哲学家在漫长的学术生涯中一直秉持的信条。我所发展的那些经济学理论一直深深地根植于滋养我的不同文化土壤中。

寻求属于所有地球人的和平与和谐，是最高的追求。群体之间特点和利益的巨大差异，意味着冲突在所难免，而冯海(Guy Olivier Faure)教授一书的杰出贡献就在于描述了用于解决此类冲突的诸多方法。

作为塞内加尔的总统，我始终坚持履行对话、交流与和谐的承诺。在这一原则的指导下，我与尼日利亚总统奥卢赛贡·奥巴桑乔(Olusegun Obasanjo)、南非总统塔博·姆贝基(Thabo Mbecki)作出智慧决策，将非洲新企划(New Initiative for Africa)和 OMEGA 计划的理念结合起来，实施非洲发展新合作伙伴(New Partnership for Africa's Development，简称 NEPAD)，以实现非洲共同体的未来愿景。这也是我作为西非国家经济共同体(Economic Community of Western African States，简称 ECOWAS)现任主席，不遗余力地解决西非国家四处产生的争端的原因。

《无所不在的谈判课》(*How People Negotiate*)一书的基本假设在于，承认形成各个人类群体基本特点的独特传统是解决冲突的先决条件。只有承认其他群体的完整性，人类的创造力和智慧才能得以运用，以发现适合特定情况的解决方案。

自从“独立”时代以来，对发展中国家的援助集中于经济和社会发展层面。如今，有一种观点得到了普遍认可，那就是只有将文化因素纳入考量范围，才能在发展方面取得显著成就。新的援助机构之战在于争取“经济、社会、文化权利”。如果文化权利得不到表达，那又有什么意义呢？新的信息与通信技术带来独特的机遇，让没有发言权的人得以为世人所聆听甚至理解，因此，他们独特的文化观点也被得以考虑，让他们在国际竞赛中握有自己的一手牌，实施良好的治理和实力构建。

对于那些持有“这无法实现”观点的消极主义者，最好的回答就是“这已经实现了”。本书最大的实用性在于它描述了 34 个具有惊人差异的跨文化争议解决案例。在实现不同人类群体和平共处、尊重各自文化差异同时又能承认并奉行基本一致原则的努力中，这些曾经发生过的案例无疑成为了里程碑。冯海博士的著作应该能为所有肩负解决世间棘手而又可怕的冲突使命的人带来灵感和鼓舞。书中的实例表明，和解源自人类的相互尊重以及人类的足智多谋。

全球化的时代见证了两种主流思想流派——达沃斯派①和阿雷格里港派②，它们毫不相同且互相对立。未来的主要挑战在于达成相互尊重、理解、包容的共识，这样在满足世界各地居民期望的过程中就不再有赢家，也不再有输家。我的国家——塞内加尔以及整个非洲大陆向来崇尚磋商协议这一传统，为了谋求和谐与平衡，所有人的意见都很重要。让我们汇聚在“世界谈判大树”的树阴下，携手努力，完成经济、社会和文化可持续性发展的全球化使命。对于冯海博士的著书之举我深表喜悦，并且希望他的见解能够深入全世界善良之人的思想和心灵。

阿布杜莱耶·瓦德(Abdoulaye Wade)
塞内加尔总统

---

① Davos，世界经济论坛举办地。

② Porto Alegre，世界社会论坛举办地。

前 言

本书所讨论的谈判，对于西方人来说，起初可能会感觉它们有点奇怪。而同样奇怪的还有本书的形成史。它始于一份平淡无奇的观察报告，只不过由此引发的项目可一点也不平淡。观察报告说的是一个事实，即媒体、飞机和网络使得地球的各个角落日益畅通无阻。因此，如今每个人都有机会去了解他人，了解新的文化和不同的生活方式、思考方式，当然还有不同的谈判方式。经济贸易和冲突解决成为普遍的行为，但过程中运用的方法却不尽相同。为了详细了解方法的多样性，这个项目应运而生。在研究过程中，我们不断地对所发现的内容感到吃惊，所以我们决定将作为我们研究基础的这些故事拿来与大家分享。

原计划此书由两人合作完成。但不幸的是，原本准备与我共同深研这个话题并分享神奇学术旅程的杰弗里·拉伯林(Jeffery Rublin)在本书尚未开始写作时便亡于登山事故。所以，这本书也是为了纪念他并向其致敬，如果没有他不畏挑战的精神，这个项目可能根本不会存在。

本书的成型主要有如下几步：

—— 首先，向尽可能广泛的群体发出号召，收集这方面的论文，其中有人类学家、社会学家、研究者和各行各业的从业人员，以及世界各地传统社会的人士。

—— 根据简单的标准(例如，主旨是否与谈判相关？故事内容是否有趣，是否有别于经常见诸当前文献的同类材料？)，对收到的论文进行初选。

—— 编委会随后对每篇论文进行细致的阅读，通过提出问题讨论其优点，问题包括，这个故事讲述了什么新鲜的、有趣的并且可以引发有关谈判的更深层思考的东西？这个故事是否提出了新的理论议题和重要问题，并能引发令人激动的辩论？用这种方式对100多篇论文进行讨论之后，我们最终选出了本书中的34个故事。

本书的结构如下：首先是导言部分，概括描述了当前研究的现状、实际趋势、重要成果以及不足之处。本章还提供了一些新的“问题群”，即谈判作为一项实践以及研究主题所存在的学术机遇，尤其在战略和文化层面。

有关谈判的案例和故事构成了本书的主要部分。本书按照以下主题对其进行分类：谈判的定义和范围、问题的界定与参考点；风险与压力管理；升级与陷阱；欺骗、诡计和谋略；公平；权力问题；文化问题与身份；以及第三方的干预与调解。

每个故事后都有一段简要分析，旨在引导非专业人士注意故事中最重要的部分。

这些案例和故事的来源无论是从地理上还是文化上看，都是非常多样的。这种多样性还体现在所收集资料的主题和性质上：《圣经》节选、谈判者访谈、参与者自述、观察者评论、调解人提供的证据、文学选摘、历史记录报告以及传统叙事。

最后一章为全面总结，着重强调一些反复出现的主题。我们在一些故事的启发下，选取了14个主题进行研究。总结部分大多要归功于斯蒂文·勃拉姆斯（Steven Brams）、陈德荣（音，Chen Derong）、克里斯托夫·杜邦（Christophe Dupont）、特伦斯·霍普曼（Terrence Hopmann）、宋熙金（Sung Hee Kim）、蒂莫·基维奇（Timo Kivimäki）、迪安·普鲁伊特（Dean Pruitt）和伯特伦·斯佩克特（Bertram Spector），他们参与了华盛顿特区约翰·霍普金斯（Johns Hopkins）大学关于这一主题的小组研究，并拨冗总结了一些观点记录下来。我想感谢他们对本项目表现出来的兴趣，以及他们对本书贡献的启发性观点。

如有读者要通过与谈判理论相关联的概念主题运用这些故事，可以参考本书结尾处有关一系列概念的分析部分。一般情况下，每个故事都关联着 3～8 个不同的主题：最后的分析章节可以让读者轻松选出描述其最感兴趣话题的故事。

在我想要表示感谢的人士中，首先是故事的作者们，没有他们，本书根本就不会存在。他们的名字和故事同时出现在本书中*。另外，我还要感谢已故的戈登 · J · 麦克唐纳(Gordon J. Macdonald)(应用系统分析国际研究会前主任)对这个特别项目的不断支持。同样也要感谢接任的阿恩 · 杰那罗夫(Arne Jernelöv)。另外，无比感谢国际谈判过程项目编辑委员会(Editorial Committee of the Processes of International Negotiation (PIN) Program)：鲁道夫 · 阿佛纳斯(Rudolf Avenhaus)，维克多 · 克莱门约克(Victor Kremenyuk)，温弗瑞德 · 朗(Winfried Lang)，冈纳 · 斯约斯泰特(Gunnar Sjöstedt)，威廉 · 扎特曼(William Zartman)，当然还有杰弗里 · 拉伯林。他们具有挑战性的问题、无比的友好和细心的工作，催生出一种最为有利的学术环境。PIN 行政协调员乌尔莱克 · 努戴克(Ulrike Neudeck)在本项目的各个阶段都奉献了自己的时间和精力。

我对弗洛拉(Flora)和路易斯 · 休利特(Lewis Hewlett)基金会对该 PIN 项目提供的资金支持深表感谢。我还要感谢约翰 · 霍普金斯大学的 SAIS 为我们的研讨会提供了场地和支持。

我尤其要感谢我的家人，他们不仅以耐心和爱心包容我，还在我筹备和写作本书的过程中提供了必要的支持。

本书的书名得自于弗雷德 · 伊克尔(Fred Ikle)的先驱之作《国家如何谈判》(*How Nations Negotiate*)，这本书至今仍不断为我们很多人提供灵感。

我还要向霍华德 · 雷法(Howard Raiffa)致以诚挚的谢意。他不仅是一位杰出的学者，还是 IIASA 的创始人，没有 IIASA，本项目可能根本无法与读者见面，同时数年来我们在世界各地的会面中他不断用理想和热情激励

---

* 杰弗里 · 拉伯林遇难前几天送来从各种渠道收集的许多作者的故事，遗憾的是，被选入本书的一些故事作者不详。

着我。

如今的世界呈现出一个矛盾的态势，国家界限纷繁复杂，而穿越这些界限又是如此简单，这是历史上未曾有过的。希望本书能抛砖引玉，召唤人们为了彼此了解和分享，在地球村内旅行，去探索冲突解决的多种面貌。

冯海(Guy Olivier Faure)

老挝，琅勃拉邦

目　录

第三篇　风险与压力管理

第四篇　升级与陷阱

第五篇 欺骗、诡计和谋略

第六篇 公平

第七篇 权力问题

第八篇 文化问题与身份

第九篇 第三方的干预与调解

导　言

从地球上望去，天空是蓝色的；但若到了外太空，天空就成了黑色。同样，许多事情都与人们看问题的角度有关，谈判也不例外。论及谈判的著作汗牛充栋，但其论据均取自工业社会实例（例如，集体谈判、商务谈判、国际争端的解决等）这样一个有限的资源库。我们希望借由本课题的研究，在现有工作的基础上能够超越前人，另辟蹊径。

当前的研究主要以西方世界的假设为基础，而这样的假设在本质上带有文化倾向。谈判理论中隐含着一个基本的假设，即谈判者是自主的行为人，也是能够自我控制的个体。学者们的结论也是建立在盎格鲁-撒克逊文化基础上，受北美社会问题的左右，并浸透着西方人文和社会价值观。

文化维度对于理解谈判者的行为至关重要。人们不仅被动反映了加诸其上的外部逻辑，还会自行对整个行为下定义。举例来讲，“冲突”（conflict）一词在不同的文化中的内涵不尽相同。Pruitt 和 Rubin（1986：201）将其定义为“对利益的认识性分歧，或是一种对无法同时满足各方要求的认识”。这个定义将任何一方行为人因另一方而无法实现自己目标的情况都视为“冲突”。而中国人对冲突的理解则表现出更深的敌意，因此与“认识性分歧”的情形相去甚远。这个词最通用的含义为“争斗”或“拼搏”,含有死对头碰面的意味。正是由于负载了文化的含义,这个概念才变得如此五花八门。我们使用同一个字眼,而所指却千差万别。

对谈判的理解也存在同样的问题。在西方,人们将谈判视为照顾各种利益的方式。许多类型的活动都可归属于这个广泛的范畴,从夫妻周六该看什么电视剧,卧室该用哪种墙纸,到与恐怖分子谈判、结束交火。中国文化却表现出截然不同的观点:谈判涉及的范围比较狭窄,主要是争端的解决。因而,说到谈判,首先就暗含了一种浓厚的敌意,好似一种战斗的形式。与此相关的一个范式是零和博弈(zero-sum game),主题是让一个受到破坏的形势复原。谈判之所以成为必要,是因为中国文化价值观中最主要的元素——和谐——受到了破坏。西方人眼中谈判合作的一面到了中国人的思维定式中,只不过是简单的讨论而已,主要被视作一种沟通交流的操练。

文化,不论在传统社会还是工业社会中,都影响着人们对事件的看法和理解。每个概念背后都隐含着由社会而萌生的假设。从人类学的案例中,我们可以看出这个问题的突出性。例如,存在于 20 世纪 40 年代和 50 年代新几内亚(Lawrence, 1964)的一种怪异宗教——货物崇拜(Cargo Cult)经历了强劲的复兴过程,对此冯海(1995a:46)描述如下:

> 他们相信,上帝赐给原住民的所有世间财富,即货物(cargo),在抵达目的地的途中被白人运走。根据专门的规定,为了让原住民取回本属于他们的财物,必须完成一系列的宗教仪式,但是这一秘密信息却被白人严密保守起来。一些澳大利亚的传教士试图说服这些信徒,告诉他们这些解释站不住脚,却无功而返。而后,为了彻底消除这种奇幻的信仰,他们邀请该教的一位主要倡导者 Yali 来参观他心目中的天堂,也就是储藏货物的地方——澳大利亚的悉尼市。就这样,Yali 在这座城市中生活了几个星期,熟悉了工业化、物质化的理性文明。

但最后却事与愿违。与客观事实的接触不仅没有瓦解Yali的信仰系统，反而让他从悉尼的见闻中得出足以强化其初始信仰的理由。比如，传教士们贬低为迷信的动植物图腾，在Yali看来，变成放在家中桌上或其他家具上的花环，精心地收藏；而动物们也都有家可归，一些还被置于专为珍藏这些动物而设的地方，如动物园的笼子，这样动物们就不会逃出来危害人类。白人的美言只有一个目的，那就是隐藏图腾的真正意义，最后将所有货物据为己有。

这个例子说明了从一种文化过渡到另外一种文化、从一个充斥着隐含假设的信仰体系过渡到另外一个体系是如此困难重重。这里，原住民在自己的范畴内使用了话语再造(reframing)，而这种在一些人眼里滑稽或奇怪的现象，实际上正是一个人用属于另一社会的范畴分析某一社会的事件时必然会发生的。在某种程度上，西方文化在评论其他文化中发生的社会现象时，其方式与Yali无异。

行为科学中的观点、范式和概念主要集中于自主的行为人。该方法并非没有附加价值，因为谈判过程被认为是有自制能力的个体实施的活动。这也是西方社会对人的一般观点。若我们考虑到传统文化，群体的意志支配着个人意志。人们认为，个人意志从属于更广阔的系统。全球方式是在西方发展起来的，因而经历了一个心理解释的过程。若将其置于传统文化的土壤中，问题的定位应当会包含更多的社会元素。

除此之外，系统性比较研究的结果也表现出同样的文化倾向。例如，某比较研究(Kelley, 1966)用相同的尺度对来自中国、日本和美国的12位谈判者在类似条件下的行为进行了比较。但这种“对等”只是表面现象，因为“类似”并不代表“中立”。该实验采用西方研究方法，虽精密复杂，最终却还是在用一种文化标准去评判其他文化。这项工作好比要测试这些实验对象吃米饭的能力却只提供了一双筷子。

目前的谈判研究，尤其是社会心理学研究的另一个严重问题在于，绝大多数研究参与者都是美国高校在读生，而且一般都是18～20岁的中产阶级白人。研究取得了丰硕成果，应该算是对人类知识的极具价值的贡献。然而，我们必须意识到，我们对谈判的大部分认识来自于数量不足世界人口万分之一的群体。那么当前从这一群体中得出的有关谈判的认识，是否能准确地反映出世界其他地方的真实情况？我们能否想当然地认为，美国大学生能完全代表世界各地、各行各业的所有谈判者的认识和行为特点呢？比如廷巴克图贸易者[①]和白沙瓦[②]的商人？

前面已谈到，进行谈判分析的主要目的是解答西方社会学术界和实际操作的难题。若从世界其他地方、其他社会来看，这些难题也许显得很怪异。为何不尝试扩大视野，在扩展人类活动研究范围的同时，将更多的现存问题纳入考量呢？换言之，如果社会科学理论是在社会中建构起来的，为何不将建筑的基础拓宽呢？

人类学家突破常规，观察研究其他民族和文化，并带回崭新的知识，只可惜他们检验知识的手段仍离不开西方分析的范畴。西方分析理念以抽象范畴或概念为基础，将所有研究对象包含其中，并赋予其普遍相关性。彼此相关的概念按照特定的逻辑（演绎推理）相互作用，这就是西方的推理方式。而东方的推理方式，尤其是中国，则建立在完全不同的方法之上。分析的范畴很具体，论证善用比喻，要求不能自相矛盾但也不是那么绝对。因此，对于谈判的概念，他们不会像西方人那样描述，更不会那样理解。比如，现在中国人使用的表意文字源自用符号表示真实事物的象形文字，再复杂的结构，也保留了一种形象性。他们的看法更宏观、更整体，认知方式与西方有着根本性的不同。所以，我们应让其他文化的人用他们自己的话语描述其处在当时情境下对谈判的看法，但我们在这方面的工作微乎其微。所以本项目决定以此为目标。

---

① 廷巴克图（Timbuktu），位于西非内陆国马里共和国境内，曾是贸易和文化中心，是古代西非和北非骆驼商队的必经之地，也是伊斯兰向非洲传播的中心。——译者注

② 白沙瓦（Peshawar）是巴基斯坦最有特色的城市，多个世纪以来一直是南亚大陆与中亚之间的贸易重镇。——译者注

谈判研究:总述

为了展现过去40年间谈判研究所取得的主要成果,可采用两种不同的逻辑方式:回顾学科主要方向,注重它们的优缺点的总结,或者按照时间顺序分门别类,展现有关谈判理解方面总结出的问题群①的发展。

学科方向

众多学科都将谈判作为一种现象加以关注。多方关注必然带来一系列丰富而深入的认识,但由于方法上的残缺性,这并没有使研究者得出多少普遍性的结论。从中我们可以分析出两种常见的思维方向:一种是抽象的,需依靠模型来分析,另外一种则以数据为基础,主要靠案例研究支撑。

模型法旨在以潜在的基本逻辑为依据,描述谈判过程。为此建构一种正式的情景,作为范式进行运作,让人理解进行中的情况,或许还能洞察可能发生的事件。这种建构属于演绎,抽象程度很高。模型运作的规则数目之多,限制了该方法的适用范围。有两种方法从这种演绎法之中脱颖而出,即经济模型法和博弈理论。

经济模型认为,谈判就是一个交换让步的过程,从而使各方建立起行动的交汇点,促使协议的达成。双方在权衡利弊得失之后做出让步。获得让步的主观可能性成为调节整个过程的因素。该模型遵循了机械化的原则,依靠"让步"这个独特的变量,去捕捉整个过程的动向,却丝毫没有顾及不可分解细化的无形问题和问题的无形方面。

博弈理论解决的是复杂环境中行为人所做的战略性选择。理论提出了众多假设,如参与者的理性、多元动机情境、双方提前知晓博弈情形以及参与者之间未作交流。博弈理论的基本点在于它捕捉到了所有谈判过程的基

---

① 问题群,原文 problématique,指相互关联的一系列问题。罗马俱乐部用语。

本要素:合作与竞争。分析者可借此使复杂的问题明晰化,理解参与者的行为,并且对谈判者提供建议。然而,参与者之间在没有任何直接互动的情况下,就做出一系列战略决策,并不是谈判过程最常见的开展方式。此类互动可以根据综合模型进行处理,但鉴于模型的复杂性,其应用范围十分有限。另外,环境条件的限制也让参与者觉得这种情景不够真实。

综合研究遵循归纳方法,旨在从具体研究和实际操作中总结更为普遍的概念与逻辑。历史著作、专著、案例研究和观察结论提供了基础数据。每个情境或事件的独特性让比较法不再可行,但可以制定其他任务目标,如描述过程、总结主要操作变量及其相互关系,并归纳能解释谈判结果的成因。因此,原因归纳又可以分为多种类型。有些学科,例如社会学、社会心理学、历史学和政治科学,利用特殊的分析框架,有助于此项活动的开展。它们在认识上的相似性让跨学科研究成为可能。

综合研究的特点是,以事实为依托,数据丰富。然而,大量观点的汇集只能导致一个结果,那就是产生关联性不高的片面理论。概念化程度仍然较低,分析方法条理性不强。在某种程度上说,原因归纳仍然停留在推测层面。

数据的收集和处理有时采用书面问卷统计的方法。该过程即便因数学统计的粉饰而显得科学味十足,却也不是没有弊端的。它将自身的文化偏见堂而皇之地带入研究,因为对于白沙瓦和廷克巴图而言,回答问卷并不是一种常见的交流方式。除了操作程序中的人为因素之外,在许多文化中,即使收集信息的人表示对信息"保密",人们在留下任何书面痕迹时都会保持极端谨慎或周全的态度。受访者会因考虑到万一该言论的来源被查明,而避免为自己留下不敬、妥协、有失信誉或让他人不舒服的书面记录。因此,问卷方法对收集有趣或重要的数据不一定有所助益,而后续统计分析也只能是为可疑性数据平添准确性的幌子而已。

实验室研究则借鉴了以上两种方式,采取综合方法中的归纳原则以及模型法的实验性设计,进而形成一种综合的方法。它研究了众多影响谈判结果的变量并得出了统计结果。已经公布的3000多个实验,将极大地扩充现有的知识。然而,其中也难免缺憾,比如为进行实验而人为制造的环境,以及所获结论的残缺性，这些都成为全球架构下完全整合的桎梏。

谈判问题群组织方法的演变

描述谈判过程，意味着按照时间逻辑呈现信息。过程的分析需要使用基本的框架，以便从概念上构建问题。我们可以明确三类一般性的问题群，展现了谈判思考模式的演变：涅墨西斯（Nemesis）方法（战略性谈判）、阿波罗（Apollo）方法（解决问题）以及普塞克（Psyche）方法（认识匹配）。对于前两种方法已经进行了大量研究；而本书的分析将以第三种方法为导向。

涅墨西斯方法以希腊复仇之神的名字命名，是指一种带有敌意的谈判理念，一种零和博弈。它最常见的表现是，一方面在交易中讨价还价，另一方面采取权力战术和分配手段，如操控、威胁或欺骗等。该方法属于“易马”（horse trading）文化，其目的在于尽可能少地让步，尽可能多地从对方那里获利。强硬的谈判借鉴了分配正义备选库中的内容，而以胜败角逐为终极目标的争斗或对抗则成为这种方法的主要隐含意义。妥协—聚合模型正反映了这类互动方式的基本逻辑。

阿波罗方法，以一个具有治疗特质的神祇的名字命名，其解决问题的性质要远远胜过涅墨西斯方法。它采用了博弈理论中的混合动机模型。价值主导的行为发挥了重要作用，力求结果公平等理念也为其充当动力。谈判被界定为需要共同解决的问题。主要工作不是妥协退让，也不是力争得到最大的一块饼，而是在于问题的转化，并借此找到解决问题的途径。因此，阿波罗方法是指一套整合谈判模式，创造价值并共同寻找解决方案的模式。例如，从公然提出要求到应该满足的需要，这种重新定位可能会带来更多共赢的机会。与这种逻辑最为贴切的比喻要数联合建构或交响乐演奏了。

前面提到的两种方法均以策略性为主，而以主管灵魂内省和知识研究之神的名字命名的普塞克方法则主要是认知性的。其目标是明晰对方的概念和想法，即对方如何看待问题及其内在逻辑，以及如何看待自己的对手；每位谈判者的思想都被视为行动的决定性因素。真实情况不再那么重要，重要的是人们所认定的真实，因为后者将成为他们行动的基础。再进一步，每位谈判者的行为中都隐含了一种谈判方法，研究的目的就是辨清这些方法。谈判的文化层面起到了重要作用，因为人们对博弈的认识很大程度上取决于文化。文化还为人们的行动赋予了意义，规定并禁止了一些策略。因此，谈判的情境绝对不是客观数据，而是建构。语境或许也在信息交流中起到了举足轻重的作用。要想最准确地形容与普塞克方法对应的活动，可以将其比喻为需要理解的谜、需破解的密码、需完成的拼图或者需要解决的神秘事物。这也正是本书将要采用的方法。

谈判与行为系统

谈判存在的背景比较广泛，以一些活动为特征，如组织规范、争议解决、冲突决议、资源共享、共同决策、社会调整、资源交换等等。如此多样的活动可以被定义成一个行为系统；也就是在某个特定时间对行动理论依据或整体形势的外部逻辑作出贡献的众多因素进行具体的调整，这些因素将影响着那些谈判者坚持的谈判原则。

各种元素之间的相对位置在图 1.1 中有所体现。谈判过程是活动的核心，为了达到某种结果而实施战略战术。外部架构包括法律与经济环境、组织限制、备选方案以及谈判者的直接后果。过程与架构都隐含在行为系统中，行为系统的整体逻辑通过将普遍意义强加给某种情况，在某种程度上决定了核心谈判流程的规则(Faure，1998)。

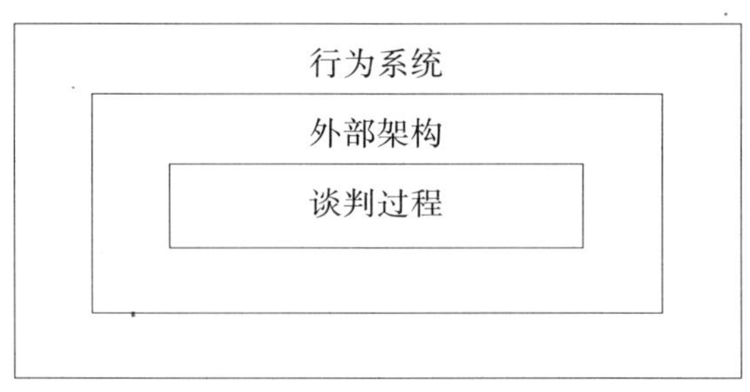

图 1.1　谈判行为系统的元素

在某种程度上，更广阔背景下的逻辑调和着每个博弈者演奏的音调。建立起对行为系统的一些认识，可以让我们更好地理解谈判过程背后的逻辑依据。

因此，谈判工具可与整个行为系统所使用的工具进行比较。例如，在经济学中，谈判被纳入到交易成本的范畴内。除了与协议结果相关的得失之外，谈判过程本身也构成成本。这种成本有时很高，比如，要建立一个合资企业，就要在数年内吸纳众多专业团队的加盟。因此，研究一个传统社会为了在各成员之间重建和平与和谐，在谈判和集体讨论中主要采用的方式以及相关仪式，也是颇具趣味的。

对一种安排的寻求也可以用定性或非经济词汇来描述。这时，“人力”成本必须纳入考虑范围，考虑时应联系到参与其中的人员数量及其地位和专业水平。因此，谈判的“性质”以某种方式反映了谈判所处行为系统本身的性质。

当行为系统复杂程度更高时（例如，跨文化运营），谈判还主要包括了构建和发展相互学习的过程。

行为系统对谈判的影响突出了结构对谈判过程影响这个基本问题。换言之，结构因素是否会对谈判起到决定性作用呢？就结果而言，谈判是否仅是外部力量平衡的结晶而对外部力量不会产生任何实质性影响？如果是，那么谈判的附加价值将仅限于表达和转型的价值，谈判也仅成为受结构因素过分限制的系统。

正如传统社会许多法令的制定过程，如果最终结果很大程度上可以预见，那么谈判的附加价值在于通过过程本身和后续的接受将最终结果合法化。于是，谈判和调解的大部分效力来自于其实施干预的形式而非实在的结果。正因如此，在传统社会中，一系列既有协议不足以让各方达成统一意见。

谈判过程，连同其学习层面和战略性矛盾，也可能对行为系统本身产生显著影响，例如，更改行为系统的性质，转变各方的存在关系，或者还有可能开启博弈的布局。在行为系统蔽阴下的谈判，实际上是该系统长期历史中的一个“时刻”。如果谈判形势相对稳定或具有很强的仪式性，那么谈判对其的反作用会很微弱。然而，若形势具有革命性、发展性或多变性，或者其发展方向不确定，谈判过程可能会在行为系统的动态调整中扮演重要角色。

文化与谈判

希罗多德(Herodotus)，有人称之为“历史之父”，我们也可以将其看作是公元前5世纪的“前人类学家”。他在叙述中表现出对文化角色的甚深关注，特别描述了当时世界人民的文化和习惯。如今，在不同社会中，无论是现代还是传统，工业还是生活，西方还是非西方，谈判的研究都表现出一个具有普遍特征的中心问题。

谈判是一种独特的范式，还是因文化特点而需要多角度的考量呢？古典科学方法沿袭启蒙主义的哲学思想，建立在理性假设的基础上，在统一范式层面寻找答案。研究者的任务在于，挖掘有用的共性，上升到抽象理论的高度，进而捕捉现象的本质。而这种方法必然导致结果与现存事实之间出现断裂。

为了在谈判研究中涉及文化特性，学者们必须从大量的现有情境中选取有代表性的谈判实例进行观察。如果有一个统一的范式，而对此众人看法不一，那么我们可以罗列一系列关于该现象的观点。从定义上来看，观点和对观点的阐释，是带有文化倾向的，因为它们存在于以价值观、所指和特定构架为中心的社会体系中。因此，不同文化对谈判的隐喻大不相同；这些隐喻表现了对谈判本质的不同理解，因而也是对深层逻辑的不同理解。

在构成谈判的各个部分中，我们都能捕捉到一种默默的却有着强烈塑造性的语言文化。文化已经渗透到谈判的各个元素中，因此，文化由人引入，也是由人演绎。它影响了人们的行为方式、策略方向和战术选择，然而，它还以更为隐蔽、不易察觉的方式，影响着人们的思维方式。谈判关系中将形成什么样的基本概念呢？是竞争、舍与得的过程、共同解决问题、一场辩论、滑稽游戏、引诱联系，还是力量的检验？究竟哪种逻辑发挥主导作用取决于谈判者的国籍、种族、职业及组织文化。它还与自我和对方的具体表现有关，其中固有成见起到了一定作用。

一位智力出众、英姿飒爽的著名英国人，就当日某重要话题接受法国记者的采访，记者问："先生，您对这件事有什么整体看法？"话音未落，英国人就回答："Monsieur（先生），我是个英国人，正因为如此，我没有整体看法。"这又一次说明了，文化甚至会决定对某一问题核心的理解。

围绕目标计划自己的活动，组织自己的行为，同时还要依照具有高度象征意义的利害关系，最终根据自己的价值观形成一种行为，这些深刻地反映了文化的意义和影响。谈判的产物，即结果，表现为各方从道义上坚持遵守并执行协议条款，也受到文化判断的制约。例如传统社会的仪式化行为，便很好地体现了这一点。

文化和谈判的关系引发了两种假设：一种认为，文化是能产生一系列影响的独立变量；另一种认为，文化是主要由互动产生的因变量。后面这种观点中，结构和情景带来了文化的结果，促使现有文化的演变和/或新文化形式的产生，例如国际机构内存在的"谈判文化"。

有关文化的质疑

将发生在不同文化中的谈判故事编纂起来，有助于开展旨在利用本领域内优秀成果、明确研究的潜在问题的初始工作。时至今日，有关文化议题的多数研究都是比较研究（Hofstede，1980；Graham，1983；Weiss and Stripp，1985；Graham et al.，1988；Salacuse，1991；Hampden-Turner and Trompenaars，1993）。它们提供了一种"X 光即刻显示"，作为主治医师诊断的基准。这样的工作当然有它的益处，但其触及的范围仍然有限，原因在于它们对维度和标准的选择具有随意性，同时也受制于它们反映文化本质的能力。

把这些研究成果应用到谈判上时，重要的不是对比，而是互动。在两种不同文化的交锋中，奇特的相互作用会带来什么结果呢？我们能否将其说成是文化的潜移默化、相互调节、渗透、濡染、文化合并，或仅仅是平行的对话，就像两个失聪人的对话？

问题围绕结果和过程展开。文化究竟对谈判的过程和结果有什么影响？有哪些因素可以促成谈判，又有哪些会让谈判陷入困境呢？

此外，我们还会提出一些有关战略的问题。文化对比的基本方法带来预见性；而我们在处理不同文化间的问题时，是否要秉持这种预见性呢？对于文化间的相互作用究竟能带来什么，我们并不是很明确，但是衡量文化之间的不同之处，是否就意味着实践者可以采用提前制定的现成战略呢？

文化研究提出了一致性的问题。我们究竟应该按照哪种方式进行研究呢？是根据亚里士多德式的划分范畴，界限清晰地区分对立面，还是承认文化范畴本身可能包含了对立面？哪种方式更符合现实呢？在真实世界中，文化常让行为人陷入两难，融合矛盾，协调对立的价值观，而这些价值观只有维持原样才能准确展现真实情况。比如，法国社会数世纪以来一直宣扬两种明显矛盾的价值观——自由和平等。事实上，法国文化将二者结合起来，指挥调度，使任何一种无法独立于另一种而存在，甚至将这两种价值观并列刻在每座市政厅的正面。而根据整个乐章上的一个音符来塑造文化个性，这种理论本身就是一种不切实际的构想。让人们在保持个人主义的同时，还要背负集体责任感，难道不可能吗？

研究文化对谈判的作用时，先从最容易入手的方面展开，即行为人的表现。探究姿势、态度、动作、行为和语言的意义和有效性不仅限于对其本身的研究。这些领域研究的趣味和挑战，在于挖掘导致某特定谈判者行为的原因。即使形成因素是多方面的，文化只是产生整体行为动力中的一种，谈判者的行为也是源自他或她的认知地图。因此，从认知层面来解释特定行为显得尤为重要，从而挖掘深层次的逻辑。（Faure，1998）。

不同文化语境下的谈判研究，让研究者们得以用更为直接的方式解决问题，并形成有关谈判的“内部认识”，例如，传统社会的谈判者如何看待谈判这件事，他（她）的谈判经历如何。在各个文化中，诸如谈判开始和结束等观念都有着很大的差别。因此，传统社会中人们对谈判角色和地位的定义也与西方观念大相径庭。此外，通过对比，他们明白，从更广义的关系层面来讲，这些观念界定了谈判的范围。跨文化的谈判可能会受到这种差别的深刻影响。

另外一个问题关乎区分文化和策略范畴。有时，两种理解层面可能会产生相同的行为。比如，在某一具体情境下，人们怎么才能知道采取冒险行为究竟是文化反射还是精心策划的战略选择？研究者的任务是组织分析概念，并探究这些概念之间的相互作用会对谈判的功能产生什么影响。当一种文化价值体系提供一种选择，正如对公平概念的解释一样，文化层面会带动并加强策略层面。当谈判者的价值观妨碍他获取利益，即为了利益目标而采取的方法与他认为可以接受的做法相矛盾时，我们则会认为，文化层面制约了策略层面。当战略行为倾向于以无意识的系统性方式（甚至是程式化地）重复发生时，这就代表着策略向文化特征的转型。这便暗示了，战略行为会带来文化结果。

研究者的文化

所有谈判学者都以两点为支撑：他（她）的学科立场以及他（她）的文化根基。前者提出一种学科倾向，而后者则是文化的偏袒。研究者构建研究领域、扩充必要概念并组织研究问题的语境，对探寻的进展具有深远影响。例如，纠纷解决的研究主要源自美国，因此，学者们倾向于在全世界以美国社会为模板解决所有问题和顾虑。尽管首位试图解决与谈判实践相关的分析性问题的作家是位法国人——François de Callières，但关于谈判的研究首次真正发展并成为已设立的学科却是在美国。这种历史悠久、范围广泛、或许是全球性的行为能以北美作为故乡，原因有许多。美国社会的传统根基并不深厚，因此，它强调的是个人的作用，形成了一种自助的价值观，以鼓励民众自行解决争议。决定谈判，对于北美的人来说，更像是自由选择；相比之下，比较传统的社会，如儒家思想的社会中，社会体制则较为僵化。

而且，在欧洲发起的社会研究中，人们将焦点更多地集中于行为理论——更多地关注行为者——而不是互动分析，这点在 Weber、Pareto、Aron、Crozier、Boudon 和 Touraine 的著作中有所体现。同样的结论也可以从分析权力建设性应用的北美研究方法中得出，正如 Allison 和 Schelling 的标志性著作中体现的一样。

正如前面提到的，有关谈判的研究受到北美价值观和盎格鲁—撒克逊语义的深远影响。20 世纪 90 年代末，美国已经开设了 200 多期谈判和纠纷解决课程(Lewicki, 1997)。而世界上大多数国家尚没有针对这些问题开设专门课程。美国的当代价值观多源自大批宣扬"双赢"逻辑的书籍。从整体来讲，无论在文化上还是意识上，研究者都逃脱不掉时代主流社会问题、基本价值观或流行的研究问题方法。如果采访一个中国谈判者，谈话中的主要理念将关乎平衡、面子和网络动力学。行为的焦点在于整个团体而非个人。同样，美国的"双赢"理念也与特定社会类型相关，包括社会动力及其伦理。

每个谈判者有意或无意地秉持着公平的观念，以此构建他(她)达成协议的方法。因此，西方社会对公平的观念极为重视，这种公平源自各个行为人的贡献。相比而言，许多传统社会更倾向于将平等或需要作为公平的标准。由此便产生了对个人与集体利益关系的不同表述。

双赢的方法也部分隐藏了权力关系导致的结构问题。如果所有人都是赢家，那在获取利益方面有的人则"比其他人更平等"。在许多文化中，此类问题仍是谈判者行为的核心，是研究者分析时不应遗漏的。

有位阿拉伯学者(Salem, 1993)对西方谈判研究的基本价值观作出了激进的批评。在他看来，西方理论方法的基础——常常是一些隐蔽的假设，将和平与纠纷解决作为需要建立和维持的规范。这对他来说是典型的基督徒式的观点，是一种旨在诋毁战争和传统军事道德的价值观选择。对于这种价值观，伊斯兰、希腊、巴比伦、罗马和犹太文化并不认同。同样，西方的争端解决大量依赖于一种假设——痛苦不好，乐趣或舒适才好，应消除苦难和暴力行为。然而，在许多文化中，苦难被看成道德净化，或生命注定的组成部分，而不会沦落到消极后果的范畴。

伦理问题在研究者当中另外构建了一条分水岭。许多美国著作中都提出了道德问题，有时还会构成整章的主题（Raiffa，1982；Litterer 和 Lewicki，1985）。中国出版了一些谈判方面的书（Faure，1995b），但没有任何一本会在一整段内都讨论伦理问题。千万不要从中得出这样的结论，即出版有关伦理书籍的社会更为关注道德问题，也不要认为之所以撰写这方面的内容是因为这是他们所急需的。中国人显然没有接受乘着五月花号的清教徒的那种精神和道德传统，但他们会从孔子的思想中汲取养分。重要的是能够明确知道做出这种选择（或不做选择）的动机和价值，因为这体现了看待谈判及其目标和局限时的特定方式。正是这种观念，限制了研究人员后来对研究问题的总结。

传统社会的谈判

鲜有作者将谈判研究聚焦于非西方社会背景。人类学和政治学的研究成果，如 Lall（1968）、Blaker（1977）、Nader 和 Todd（1978）、Gulliver（1979）以及 Jönsson（1979）的著作，为研究另辟蹊径。这些著作描述并分析了传统社会或常被认为是"难以沟通"的对手之间（如苏联、日本或中国谈判者）在纠纷解决或谈判时所使用的方法和技巧。

随后，一股更为集中的研究热潮发展起来，著作内容还包括商务关系，也包括对日本（Graham 和 Sano，1984；McCreary，1986；March，1988）、中国（Pye，1982；Solomon，1985；Chen 和 Faure，1995；Faure，1998）和苏联（Smith，1989）谈判方法的探讨。比较和跨学科研究也开始提出更为包罗万象的问题，并处理跨文化的问题（Casse，1982；Weiss 和 Stripp，1985；Binnendijk，1987；Salacuse，1991；Faure 和 Rubin，1993；Wan，1993）。与

此同时，还出现了一系列挑战西方研究基本假设的研究（Salem，1993；Faure，1995a），质疑西方研究的基本价值以及研究结果的普遍适用性。

由札特曼（Zartman，2000）编纂的一系列论文，以传统纠纷管理做法为中心，根据军队或家庭中因无礼、虐待、通奸、暴力行为、不履行基本职责、赌博、不做家务以及不能生子或因继承分配产生纠纷的案例，总结出大量谈判的特征。邻居纠纷也因丧失颜面、损伤和偷盗而成为其中重要的一部分。

最为显著的特点便是谈判各方（有时还包括协调者）采取的全局方法。考虑整体情况的全局性方法与笛卡儿分析方法相反，后者为了更好地了解问题，会根据需要将其分成多个初级单元。另外一个反复出现的特点是非抽象的思维方式。隐喻能将某种程度的复杂性融入构成谈判过程的相互交织的基本理论之中，这也是推理进行的土壤。因此，这些隐喻表达了由参与谈判的行为人所界定的问题的本质。

符号、物体、植物和特定的地点通过群体赋予它们的意义或特定情况下被授予的权利，在重塑和平中起到了举足轻重的作用，也因此会促进纠纷解决或谈判的结束。神话也按照其内在逻辑，强加给谈判过程某一特定的方向。冲突之中，另外一个常见做法就是寻求超自然力量，如上帝、神灵、精神力量、鬼魂、恶魔和祖先灵魂，他们与人类一同成为行为者。

传统社会的纠纷解决中所展示的人，其行为不再是代表个人，而是成为部落、村庄、亲族或年龄组群中的一员。这个问题必须由整个组群来处理。因而，这与纠纷解决过程的公共特性相关。听证、讨论和审议会都要在代表整个群体的观众面前举行（Ury，1990）。

谈判者活动背后的主要价值观在于关注将谈判变为“执行共同点”（Deng，1993）的关系。需要遵守的主要价值观之一是通过协议维系各方的和谐关系。

要面子，或者是顾及身份，在谈判各方态度逐渐恶化时，会强化或固化这些态度或向反方向推进，因而具有很高的风险。采取仪式化行为，即一种在有限的范围内协调谈判以避免出现不可控的局面，是最典型的解决方法。仪式提供了一种象征性的秩序，强调了协议的重要性，也因此让各方更加重视履行协议的承诺。可以采取行为的范围尤为多样,其中包括握手、拥抱、亲吻、发誓和聚餐。出现群体纠纷时,也用洒动物血的方式消除组群内的愤怒。

传统社会还有一些其他特点,如使用修辞、谚语和家族用语,如与非洲人商谈(African palaver)——需要特殊技能的口语练习,调动听者的崇敬之情。这个过程中,间接的信号难以捕捉,时常模棱两可,使用这种信号的目的在于避免他人对自己产生否定的判断、回应等等。要达到这种目的,需要谨慎的观察和解码,以维持谈判过程的节奏。时间的特定用途是传统社会的另外一个普遍特征(Gulliver, 1979)。周而复始的时间与重复的顺序占主要地位,其逻辑与工业社会的矢量时间恰恰相反。

在传统社会中,过去总是与当下深刻地融合,源自祖辈的关系可能会发挥重要作用。未来在当下的份量相对较小,比如,与美国相比,便是如此(Murray, 1998)。而且,为了满足各方的需要,原则可以折中,在权力不对称的谈判中情况尤其如此。原则从来就不被认作社会秩序的基础。在这个领域内,一些驱动因素虽然看不见但影响巨大,如传统价值、信念,这些因素制约问题的界定,并在已定的和已接受的架构中引导行为。

本书的目的

我们计划编纂一系列有关谈判的故事,将收集的故事与综合评论一起呈现在读者面前。这个项目原本就像一次捕鱼活动:我们希望抛出渔网,然后看看我们都捕到了什么,让捕到的猎物做自我说明。有些谈判带有一些异域、奇怪的性质,它们发生在中国、埃及、阿联酋、危地马拉、圣地[①]、印度尼西亚、以色列、肯尼亚、韩国、黎巴嫩、古代中东、新几内亚、尼日利亚、俄罗斯、土耳其和扎伊尔[②]。其他故事取材于西方背景,如法国、德国和美国,只

① 圣地(The Holy Land),即耶路撒冷(译者注)。
② 扎伊尔共和国(The Republic of Zaire),是刚果民主共和国,即刚果(金)在1971—1997期间的名称(译者注)。

不过通常不被当作谈判。有的谈判故事自有其独特性，比如与自己谈判、骑自行车谈判或者动物之间的谈判，抑或是观察到的与轮椅的谈判。这些故事均起源于亚伯拉罕与上帝有关索多玛命运的谈判。这是人类有史以来的第一次有关谈判的记录，而谈判也由此发展开来。

选择谈判案例的标准在于：

—— 谈判故事新鲜、罕见；

—— 有趣、通俗、神秘、激动人心、挑战智力且为原创。

我们有多个层面的目的：

—— 将经典的分析范畴应用于案例中，探讨案例的教育意义

—— 质疑这些范畴的相关性和实用性

—— 讨论谈判的定义及其操作范围

—— 发现新的指导规则以及看待谈判的新角度

总之，我们一直在寻找新的谈判方式。我们曾试图从观察到的过程之中挖掘隐含的假设。本书中提供的谈判故事，让我们更多地了解我们所生活的世界，也教我们更加了解自己。

故事大多是行为人自己的作品，由行为人自己讲述，有时还会加以分析。本书有趣的地方在于，读者看到的故事并未根据分析的范畴和主流文化的问题研究方法加以更改删节。

我们意识到，用英语出版这些故事，其中的翻译过程引入了一种文化偏见。为了削弱这种偏见，我们曾试图尽量贴近原文，而不是寻找最为恰当的母语风格。

本书分为两个主要部分：

—— 讲述故事，随后对每个故事进行编者点评，以点明主旨。谈判通常负载了大量的关系，而且常常有大量活动相互交织，可能会将谈判遮蔽起来。点评的目的就在于展示如何发现核心过程。

—— 综合分析的章节，重点分析故事中包含的一些重要主题和概念。

为了让故事简单易懂，我们将具有共同特征的三五个故事编成一组。

本书的目标读者分为几类，包括研究者、培训师以及执行者，即国际舞

台上的谈判者，他们希望更深刻地了解谈判原则，或希望扩展其在该领域的知识面。本书的目标读者还包括收集罕见谈判案例、惊人故事的业余人士，以满足其学术好奇心和思考需要。

新主题与有待修正的经典主题

本书呈现的故事，介绍了需要研究的新情况，并提出了大量有趣的主题，其中包括问题界定、谈判隐喻、语境意义及其与谈判核心的关系、隐性谈判、象征性互动和仪式的有效性、谈判的定义和范围、隐形第三方的参与、升级与陷阱以及交易条件。

行为人自己讲述故事的方式提出了“问题界定”的问题。明确问题点很重要，因为谈判者的行为与他们对情况本身的判断密切相关。根据自己眼中问题的性质，他们会在谈判过程中应用特定的逻辑依据。因此，如果把谈判当成一场斗争，则会发展出一种强制、独断的策略，旨在削弱对方的立场，并把自己的观点强加给对方。但如果谈判被理解成其他，比如说例行公事，那么谈判过程的效果就取决于完成的质量和执行的技巧。一致性、象征性行为和美学也是能够引导行为的重要价值观。仪式行为的整体作用成为纠纷解决时的中心因素。此外，一些情况的复杂性，导致人们寻找能表达并描述那些情况、提供分析基础的隐喻。例如，以博弈为基础的隐喻将强化特定的逻辑依据，而机械论或有机的隐喻将强化其他逻辑。因此，下文的谈判故事提供了一个将新隐喻推至人前、供人们讨论其启发性的机会。

探索语境与谈判中心议题的关系，让学者们重新考量结构和流程的关系。在两条线之间，提出了决定论的问题。谈判各方之间的权力关系，其作用很难准确把握。对新情况的分析能否促使研究者提出新的结论，发现权力情境的新的或不同的组成部分呢？谈判过程动态、力能在多大程度上改变语境？这一切怎么发生？这些是为延续未来研究所需要提出的主要问题。

谈判并不一定意味着各方围坐在桌旁，也不是桌上最好铺着绿色桌布。谈判发生的机会多种多样，书中五花八门的故事可以作证。对于谈判这件事，并不是参与互动的行为人一定要有意识才算谈判。现实中存在着大量的隐性谈判，它们产生于那些未被完全体察的文化规则，或者因为社会价值并不认为谈判是合情合理的行为。隐性的、隐瞒的或者无形的内容在真实场景中具有重要地位，只不过未进入研究的视野。调整和社会交易这些日常生活中的主要活动，为丰硕的新成果提供了材料。

社会进程的仪式化（被定名为符号管理）对个人行为建立了严密控制，几乎等同于社会程式化。这是否可以看作是对谈判概念的否定呢？文化和现有结构的影响都大幅度削减了谈判者的可操控余地。它们是否完全侵占了这种余地呢？仪式阶段的继续不是以谈判为条件吗？在众多案例中，仪式化行为的目的是否在于在过程中强调各阶段并构建基准呢？传统社会和工业社会都需要仪式（尽管这点在工业社会中不易辨别），假设在现代社会中，仪式可以等同于人们常说的书面合同，那么仪式的作用和重要性这些话题，定要发现新的观点。因此，我们可以将法律看成仪式的现代替代品。

科学论点常常带有短暂的性质，马克斯·韦伯（Max Weber）以经得起事实检验的敏锐度强调了科学的开放式性质。曾经在数百年内，社会一直在托勒密的宇宙观中运行，地球位于中心，而太阳则是地球的一颗卫星，直到哥白尼出现，他并未否认人们对该现象的认识，而是引入了一个彻底改变旧有观念的新论点。本书提供的许多案例都会提出有关谈判及其范围定义的问题。谈判应当被界定为情景、过程、关系还是其他？每种界定方式都会展示谈判的不同架构。

谈判通常会预先假设各方进行互动，可能在个人之间、群组之间或组织之间。传统社会通过请出看不见的第三方，如超自然的力量，丰富了潜在行为人的范围。希腊神话中还出现了众神直接干预人类事务的场景。《圣经》中出现了许多谈判，其中上帝成为参与讨论的一方。与超自然力量的关系是否需要采用特定的逻辑？解决与灵魂的纠纷时，需要采取何种纠纷解决方法？是否要对这些新材料加以研究，以增加我们对谈判和协议流程的了解？

谈判并不一定对纠纷解决有帮助。事实上，某些谈判还会让纠纷升级，并让谈判者锁定在某种可能完全错误的逻辑上，从而陷入进退维谷的境地。什么情况会让谈判产生这种副作用呢？指导纠纷发展的逻辑是什么？如何才能扭转事态发展，降低冲突程度？如何才能“去掉执着”，冲出困境？如何重新开始谈判的进程，超越以控制对方为目的的争议性和惩罚性策略的控制？换言之，如何才能恢复谈判精神？

谈判是一种包含着交换的活动，尤其是信息交换和退让的交换。然而，谈判的内容不只是交换物品这么简单。这种互换会在多种层面上实现——地位、情感、美学以及价值和符号。谈判正是这样一种复杂的、捉摸不定的行为，我们可从故事中寻找新的指示，来更好地了解多种多样的交换隐含条件，并分析这些不同层面如何相互作用。

第一篇
谈判的定义和范围

1

与工艺品谈判

西西莉亚·德蒙(Cécile Deman)

娜戴日(Nadège)离开家时,父母将她用过的家具赠给了她。随后她对这些手工艺品进行了一番改造,即她所谓的“赋予它们新的生命”,借此强调自己从此走向独立。与此同时,这些家具也构筑并见证了她与父母的新关系——通过家具,父母仍存在于她的生活中,但已不再是每日生活的重心。如是,修缮过程中汇集了各式人物。他们干预的痕迹,以及他们之间的关系,以打造工艺品的形式,建立协商谈判,并一同印刻在这件工艺品上。

“自己动手(DIY)”的爱好者开始工作,尤其是准备对现有艺术品进行加工时,首先“发现”工艺品。他既是梦想得到精致工艺品的顾客,亦是将工艺品从原貌翻新的匠人。但是,工艺品由物质构成并由前人塑造而成。它会对 DIY 爱好者产生抗拒。一件独特的工艺品,一件创作,将从人与物的遭遇中诞生。

罗曼(Romain)即经历了这样一场遭遇,他改造了父母的旧橱柜;而克里斯汀(Christine),则完完全全地翻新了祖母的一对路易十六时代的扶手椅。这些工艺品都有着过去和历史。它们曾在其他人的生活中出现,并将这些经历融入自身的物质属性中。罗曼和哥哥曾在那个橱柜边玩耍,一玩就是几个小时。他们儿时的游戏印记——玩具车痕、涂鸦画迹，都被记录在了橱柜上。现在，这些印记抗拒着罗曼的改造。“我得用砂纸在柜顶打磨更多次，不像其他地方，柜顶上的痕迹比较多，除去它们得花一段时间”，罗曼说。而当克里斯汀拆第一把椅子，拆到框架时，她发现了之前一个又一个工匠所留下的痕迹，她说：“这对椅子肯定被装潢过好几次，而且还不怎么上心。木头上都是洞眼，我可不想再多加几个，所以，我要做的第一件事就是用木胶把它们填上。”改造工艺品绝非易事。工艺品会产生抗拒，而 DIY 爱好者则需不断体会，根据新发现、新认知来调整工作计划。

对 DIY 爱好者而言，每一件工艺品都是独一无二的，这一物品和这个行动者的相遇都是唯一的。为创造可以自由发挥其创意的空间，体验展现自身能力以及打造全新的、个性化的工艺品，DIY 爱好者必须与工艺品进行谈判。

待成之作

第二个步骤，工艺品在 DIY 爱好者的手中重生。他用物质本身为它延续未来。娜戴日已经对橱柜清理完毕，在清理的过程中，她摸清了它的纹理。随即，她决定顺着这些纹理，依次并行涂上蓝、黄、红几种颜色。娜戴日开始只想重新上色，但是，家具本身让她产生了依据工艺品自身物质属性来上色的想法。

黛安(Diane)解释说，在给书架重新上色时，她会后退几步，以便更好地观察是否合适。她说：“有时，我想从整体上看看它将呈现出什么样子。所以，我要退后来看。我喜欢这个样子，于是就照这样完成了作品。现在，我觉得它非常美，尽管最终它更具普罗旺斯风情而非中式情调。”当初黛安看到姐姐们将桌子漆成红色，便想起她在中国度过的两年，于是她决定不再忍受家中的白色宜家书架了，将它也漆成红色。但最终，工艺品更让她联想到普罗旺斯而非中国。这件待成之作就是在人与物的谈判和寻求统一中逐渐形成的。

分析评论

充当行动者的工艺品

通过DIY活动，工艺品连续经历了各种不同的状态。每次都与上一次不同，每次都比上一次更为裸露，最终旧貌换新颜。这些状态展现了未来行动者的观点，为DIY爱好者和制造者的行动提供了新的动力。每次工艺品状态的转变又可以引发新的谈判。

杰罗姆(Jerôme)，作为房间的主人，他要在房间里自己动手做一个书架，他想要"漂亮的"、"体面的"那种。当这位匠人制造书架时，他会根据物体的反应来调整工艺。他买了三合板作为打书架的材料，但问题出现了：从三合板的边缘可以看出它不是实木。杰罗姆只能尽量协调自己的愿望与材质之间的矛盾。他返回商店，买了一些木条，用来遮盖板材的边缘，让外观显得更为完美。这一系列决定都是结合物体本身作出的。

马克·奥利弗·贡赛斯(Marc Olivier Gonseth)分析了"意识塑造工艺品，工艺品同时也塑造了意识"这一永恒再造与持续互动的过程。在对物体的塑造中，工艺品激发了意识，意识促成了行动，而行动构造了工艺品。在这场谈判中，工艺品也是行动的一方。尽管它属于物质，但它能说明自身的历史，并对DIY爱好者的行动产生影响。工艺品的抵制让DIY爱好者改变工作计划，甚至依据物品对改造行动的反应来调整自己一开始按照想象改造工艺品的愿望。而这些人对物的不断认识与安塞姆·施特劳斯(Anselm Strauss)的"抉择点"(points of options)理论类似。在我们的分析中，这些抉择点指的是"工艺品符号"，这也被诺曼(Norman)和赫金斯(Hutchins)定义为语境，其中物质的工艺品同时具备两个身份——操作对象以及代表自身状态的符号。这时，与物质之间的谈判——DIY爱好者的愿望与供他运用的物质之间的谈判，是行动继续下去的必经过程。

"当行为需要极高的准确性时，大量的学习和时间则成为必需。但即使在这种情形下，也存在许多变通的空间，"唐纳德 A. 诺曼分析道。行为者手中工艺品的生命轨迹并非预设好的。人与物的遭遇仍保留了不确定性元素，这需要人去发现物，并与物对话。这种不确定性使工艺品成为人与物互动中唯一独特的反映。

最终的工艺品：创造及其缔造者

工艺品驯化的过程发生在与物对话之中。因此工艺品不可避免地成为占用自身的合伙人和构筑独特性的手段。最终的工艺品并不完全与最初的设想相吻合。它是行为人与物之间谈判达成协议的结果。

这种遭遇随时都可能以失败告终。DIY 爱好者可能放弃工作，把工艺品丢掉、送人或是切碎挪作他用。这些威胁笼罩在工艺品之上，正如迪亚娜所言："……要不是觉得它漂亮，我早就放弃了，早就把书架扔了。"然而，DIY 爱好者对工艺品的投入，也让这种失败的情形颇为罕见。人与物的遭遇充满阻力时，最终工艺品对 DIY 爱好者的吸引力就会大打折扣，虽然在日常生活中陪伴左右，但却不如其他物品受宠，它的历史也很少被提起。

无论如何，DIY 爱好者有时会终止对工艺品的工作。保罗（Paul）解释说，有时中层夹板打磨得不如其他板细致，"但没人会看见。"他了解这一点，但他已经"厌倦了"，而且"没有必要"进行下去。谈判停止了，直到下一次与这个行为人或其他人之间重新开始。由于时间和行为的改变力量，后续的谈判者，即人与艺术品也会发生变化。

至此，我们可以说，通过人与物、愿望与制约之间的一系列折中和妥协，暂时达成一种共识，一种平衡的状态。工艺品越发显得独特、唯一和"逼真"，它的创作者也在创造过程中意识到了这一点。正是凭借这种方式，从原材料、标准化的商品或被遗弃的家具中，又一次诞生出了工艺品，一个独一无二、个性化的存在。从这方面讲，DIY 爱好者就是作者、创造家，他们与工艺品之间、作为使用者和创造者的经历与工艺品的轨迹之间形成了一种关系。工艺品有了另外一层意义，融合了这个制造者的印记；它成了制造者对物体处理能力的见证，也是这种关系的见证。

DIY 爱好者理当拥有这件工艺品，由此成为特别的消费者。他的特别之处在于他的技艺、对工艺品的处理、他的创造力以及与消费者群体相对独立的关系。正如 DIY 爱好者们所希望的那样，他们不属于尚·布希亚(Jean Baudrillard)描述的被动且异化的消费者。个人通过与工艺品及其物质属性的谈判，构建了属于自己的物质环境和社会意义。

编者点评

人与物的关系是否能和谈判联系起来？人、物各为一方，双方进行互动，人主动实行，而物则进行某种抗拒。该事实体现了一种背离，过程结束时双方通过妥协达成一致。我们甚至可以认为，这个故事还有关底线的试探，工艺品也有它的底线——如果人做得太过分，工艺品可能被破坏。

正如海员同大海和海风、自行车手与弯道的谈判，这个故事描述了调整适应的过程，人的目标受到物体本质和属性的限制，工艺品的隐藏意志成为了障碍。诗人拉马丁(Lamartine)写下了“毫无生气的东西，你有没有灵魂？”的诗句。如果是这样，谈判可能发生在我们意想不到的地方。

另外一种方法是，可以将这个案例仅当作谈判的隐喻。有人可能难以将一件工艺品看成某个过程的行动者，哪怕这件工艺品产生抗拒，迫使人们缩小他们的雄心壮志。莫尔顿·戴维斯(Morton Davis)认为：“自然与人的不同之处在于，自然的意图是无法预测的，因为自然是绝对公平的。”而且，人和物之间也不存在明显的沟通，这让真正互动的解释有些站不住脚。对此，我们可以转而思考米开朗琪罗有关雕塑家行为的观念：“石头中原本有座雕像，我只不过把周围多余的部分拿走而已。”

2

马之间会谈判吗？

弗朗索瓦·比尔戈(Françoise Burgaud)

在方圆一公顷的牧场上，生活着两匹马，到了夜晚，它们有时也会被关进马厩。这对马的关系早在6年前就开始了。当时小马驹6个月大，大马11岁；小马驹刚刚断奶，被人从母马身边带走，而大马已经独自生活了数个月，虽然会与人类接触，但仍缺乏合适的伙伴。不久，这二者之间形成了强有力的纽带，一种叫做“友谊”的东西迅速形成，许多行为也突显了两匹马之间的牢固关系。

这种社会依赖性会在某些情况下产生，比如，吃草、休息或睡觉时彼此相邻。日常的活动模式几乎同步，而且两匹马多数都是相邻而立。

这种社会依赖性还会表现在游戏互动中。两匹马都已成年，但游戏现象仍很常见。它们经常通过直接的肢体接触，来表现互动游戏的次序，当马驹还小，尚未接受阉割时，它曾试图骑到大马身上，大马则对这种游戏表现得非常宽容，有时只是抬起一条后腿却不踢。肢体接触的游戏很常见，比如，马驹会把大马的尾巴叼在嘴里，随后便是阵阵游戏般的打闹。它们互相推顶，或者咬前腿，迫使对方膝盖着地，或者轻咬后腿，前后追着转圈圈。游戏时，它们未曾表现出主从关系；虽然马驹与大马的体重相差360公斤，但它有时也会迫使大马跪下来。游戏之中时常穿插着自发的游戏场景，包括连追带踢的跳跃。

互相舔毛的情景也时常穿插于游戏之中，或在休息时间前后。互相舔毛，虽然与皮毛的清洁卫生有关，但也具有重要的社会功能。这种行为主要见于特殊伙伴关系，作为一种友好的表示和加强个体社会纽带的方法。这两匹马就花了大量时间互相舔毛。

二者分开时的行为表现也揭示了这种社会依赖性，它们会以轻声嘶鸣的方式重新取得并保持联系。它们相隔数十里，无法见面，这便激发了声音的运用。分离打乱了它们的日常行为模式，例如进食时间减少，以及长时间站在大门前或自发转圈。

尽管它们相互之间存在着强烈的依赖性和“友谊”的纽带，但这对动物之间也有一种从属关系。年龄和体型较大、较早定居在这片土地上的大马处于主导地位，且这种地位不可动摇，但即便如此，在某些情况下，它们彼此之间也会出现意见协商行为。

在考察这些情况之前，我们必须描述一下明显体现等级秩序的情景。大马相对于马驹的社会主导性表现在诸多日常活动中。

最切合的情况之一：添加食物（如浓缩饲料颗粒）引发的喂食竞争。大马把马驹从饲料桶处挤走，如果有两个桶，大马则会在吃完自己这份后，再把马驹从另外一个桶处赶走。大马只需吓唬一下马驹而不用肢体接触，就可以取得有限资源的使用权。这些威胁姿势包括将耳朵耷拉下来，低头和探头，都可以让小马驹挪到离它几步远的地方，等到大马离开后再回到饲料桶处。

这种优势等级关系也体现在休息地点的选择上，但仅限于能让它们免于太阳暴晒、蚊虫叮咬的棚子里。大马把马驹赶到马棚内部，而自己则站在门口。大马惧怕封闭式的环境，门口的位置可以让它更好地观察外界情况，以便在发生危险时迅速逃离。小马不敢从大马与墙壁之间穿过，因此只要大马在，它就必须留在马棚里面。然而，在户外休息时则不然，它们彼此相邻而立，并没有特别的空间分布规则。大马偶尔也会在放牧的时候驱赶小马，让它同自己一起进马棚。它对马驹的驱赶，与种马驱赶其马群成员一样：它在马驹后面走路或小跑，头低垂并前伸，以便把偶尔试图逃跑的马驹赶进马棚。占主导优势的大马还享有首先进驻牧场战略位置的权利，例如打滚地点或门口的某个位置。

最后，主导—从属关系还表现在马与人的互动中。两个动物在牧场上无事可做时，主导的大马会独自享有与人互动的权利，即使小马驹最先靠近这个人，大马也会将它推至一旁。这种行为很常见，例如，当有孩子召唤动物们到篱笆旁时。这时，这种行为会被一种竞争态度所取代——相互竞争以获取美食的机会。

以上描述的所有情况，只有威胁（无直接肢体接触）属于敌对的互动，处于从属地位的马驹也尽量避免冲突。等级秩序通常主要通过从属方的趋避反应得以维系。

众所周知，对于不同的活动，等级秩序可能有所不同。例如，在吃草地点上，一匹马可能是另一匹马的主导，而对于饮水，则可能另一匹马占据主导地位。但在上述这对关系中，马驹从未排挤过大马。只不过在某些情况下（尽管这些情况时常与竞争相伴而生），主导优势会减弱甚至消失，以取得相互容忍的利益，似乎达成了一种协议。让我们回顾此前描述的一些情景，来审视这种现象发生的特殊条件。

休息时，大马有时会让马驹待在马棚门口前。这种情景只会在大马已经在马棚中站立片刻后发生。马驹加入了它的行列，且只进入到马棚的前半部分。大马这时会容忍它的存在。可以认为，对个体距离的尊重带来了这样一种空间分布。但是，当从属方处于马棚最里面时，这两个动物也会肩并肩地站着，且允许肢体上的接触。这看起来像一种妥协，通过马驹提出谈判而来或者主动取得，并且得到了大马的同意。

正如此前提到过的，当一种食物资源（包括水）有限时，大马具有优先权。不过，当两匹马都非常口渴时，只要一有水喝，它们便会同时喝水，水槽再小，它们也会将头凑在一起，而不会出现进攻性的表现。这让我们感到意外，在一个竞争应当更为激烈的情景下，这两匹马之间竟然表现出高度的包容，丝毫不含敌意。

最后，在与人类互动时，如果这个人是经常照料两个动物的那个人，竞争也会消弭。尽管当两匹马走向这个人时，大马会吓唬马驹，但这些威胁并不如往日那样奏效。马驹显得更为自信，尽管有时它会先找个地方以寻求这个人的庇护，借这个人的身体挡住大马。片刻后，等级秩序或主导优势的迹象便完全消失了。以前只要大马向马驹走近几步，马驹就会被赶跑，而如今马驹不再对大马的动作做出反应。这样就可以同时对这两匹马喂食，分发一些食品时也不会引发任何敌对行为，就像两个动物在这些特别的场景下，同意“分享”一样。

分析评论

这些实例展示了两个动物之间达成妥协的情况，也提出了一系列的问题。一个更为系统化的观察计划，包括人工制造的竞争情景，将帮助人们确定：互动过程中的关键步骤，以及使变化朝着显著优势情形发展，或者反之朝着妥协的情况发展的一些信号。

水源短缺后共同饮水时，动物们未曾表现出敌对行为（威胁或顺从），相互包容似乎成为采取的主要态度。与之对比，在人类社会伙伴面前的竞争中，马驹常常最先用鼻子来与人接触。这种行为，也是认识的人之间见面时的问候方式，用来确认身份以作为纽带关系的支撑，可以被解读为请求包容。

在喝水的例子中，可以认为优势主导关系会在得不偿失的情况下消失。从某种意义上讲，保持优势所需要的注意力和警觉性在这种情况下不会带来利益，反而会延迟喝水的开始。然而，这却与传统竞争的观念形成对照。当前用来确定两者等级秩序的一个试验就是将两个个体严格置于激烈竞争的情况之中，比如说，几个小时都不给水喝；在这种资源稀缺的情况下，等级秩序应当更为凸显。但在这对马的案例中，这样的试验只会将优势主导关系遮蔽起来，因为两个动物特别口渴的时候，这种关系会完全消失。

互动情境下个体动机至少解释了主从关系消失（哪怕只是暂时）的部分原因。马棚中休息的例子里，当大马正在休息时，它允许马驹待在自己与马棚门口之间。此时,它将马驹赶出去或者推到马棚里面的动机远不如两匹马一同来到马棚时强烈。但马驹也只选取了一个与大马保持一定距离的地方,并对这个妥协感到"满足",而当它在马棚里面休息时,这两个动物之间并没有特别的距离感(相反,它们会尽量彼此靠近)。

最后,当熟悉的人在场时,优势主导关系之所以失效,第一个假设便是因为这个人的主导地位强加了一种新的社会秩序。但这些互动关系完全自由、自发,这个人并没有试图阻挡进攻的行为。在各种情况中,任何压制威胁行为的尝试最终都会导致冲突一方的离场或小的敌意姿势的延续,如耳朵低垂。由此看来,平息态势的因素在于人与两个动物之间的优势关系,而不受两个动物之间关系的影响。尽管我们认为人是这里的主导,但他还担当了领导和社会伴侣的角色,这在他与两个动物的关系中尤为明显。通过他的存在以及他与两匹马之间的关系,他扮演了第三方"协调者"的角色。他可以降低常伴随这种情况出现的紧张度。另外,互动不再是双向的,而是包含了三个个体,由此便改变了力量分配的局势。

最后的例子让我想起许多动物群体(尤其是灵长动物)中优势关系的主要功能。有一种能力可帮助特定个体获得优势地位,那就是仲裁或解决冲突、平息族群内紧张态势的能力。根据物种和社会性程度,这种干预可能以不同的方式出现,如进攻行为或者安抚行为。有时,第三方作为协调者介入可以带来和解。第三方与冲突各方之间关系的质量基本上就是成功和解的保证,让持续的冲突得以解决,哪怕只是暂时的。

故事中这对成员之间的强烈依赖关系是上述假设的基础。这种"友谊"是所有互动的支撑和背景。缺少了这种特殊伙伴关系,主从关系则会覆盖各种竞争场合,甚至会在竞争情况出现之前就已经存在。为了对比说明,在此前的某段时间,这匹大马与另一匹马驹,在相同的环境里,共同生活了一年。当时,昭示特殊伙伴关系(空间纽带、互相舔毛、游戏等)的行为发生频率远不如现在,大马的优势和等级示威行动在各种情况下都很明显,也看不到以上描述的妥协情况。

鉴于以上实例和在其他群居种群中观察到的类似现象,可以说,在某些情况下,特殊伙伴关系的存在有助于妥协或一致意见的达成,也许这也是谈判过程带来的结果。

编者点评

这个案例提出了许多有趣的问题。首先,这是否能看作是一种谈判?

一种观点认为,动物之间的关系是一种直觉行为,彼此之间没有交换。那么,既然没有交易的条件,也就没有了交易,因此也就算不上谈判,只能说这是一种社会生物学决策机制。

另外一种观点认为,这是一种"谈判秩序"的表现,"谈判秩序"(negotiated order)的概念由安塞姆·施特劳斯及其他社会学家创立并发展。据此,这个案例可以被看作是力量不对称情况下的无声谈判。

如果最强势的一方不展示其优势,那么可能是为了避免破坏关系,不破坏两个动物间现存的"友谊"。这些群居习性使得两匹马之间必须维持让彼此都满意的关系。

在许多力量不对称的谈判案例中,弱势一方往往得到比按照情况结构分配理应得到的多。这是强势一方为维持良好关系要付出的代价。

另外让人感到饶有趣味的是,无声谈判的结果取决于对方是谁。吸引力是一种不确定的因素,而依赖关系也并非总是足以预见结果:这种情况对人成立,对马也一样。

还有一个常见的问题,即沟通是谈判的前提条件,谈判双方需要沟通。事实上,动物的沟通非常丰富,只不过不容易观察到。沟通在几个层次或层面上展开:嗅觉、化学、视觉、听觉和触觉。这是动物交换信息、需求、条件、威慑的方式,也是它们与其他类似动物之间构建并发展谈判秩序的方式。

3

与自己谈判

维克多·克雷门约克(Victor Kremenyuk)

杀死老财主的罗迪翁·拉斯科里涅科夫(Rodion Raskolnikov)是作家费奥多尔·陀思妥耶夫斯基(Fyodor Dostoyevsky)《罪与罚》(*Crime and Punishment*)里的主人公。他来自偏远省份的一个善良的中下层宗教家庭。他所受的教育有限,但在俄罗斯东正教环境的教化下,有很强的"善"与"恶"、"罪"与"罚"的观念,也拥有强烈的道德信仰,自称是善良的基督徒,是一个对社会有用的人,一个能为人民创造良善和繁荣的人。目前,他在上大学,满心期待着一个好的工作。

但是他和他的家人穷困潦倒。母亲严格控制给他的钱的数量,这些钱连他的日常生活开销都满足不了,更不用说他的书、衣服和休闲开销了。他想至少通过交学费的借口要点钱,但没有成功。最后,他走到了完全财务崩溃的边缘。

这时他在咖啡厅里听到两个顾客正在交谈,说有个老太婆专门借钱给人并收取高额利息。一个人说那个老太婆是个"又丑又老的蜘蛛",专门榨取"善良"人的血汗,对社会无益。这个女人是个"无用的造物",没家也没子女,与她的妹妹过着离群索居的生活,而这个妹妹也是被她压榨,当作女仆使唤。这位顾客总结说,把那个女人的钱拿来,分给那些"善良的人们"用于教育、推广对社会有益的项目和其他用途，是绝对“公平”和“正义”的。如果她不愿意主动把钱交出来，甚至还可以把她杀死。

这种想法让罗迪翁很着迷。他日夜思考着这件事，最终断定他已经准备好不惜一切杀死那个老太婆，而动机就是为了所有向她借钱的人的利益，不论这些人是贫穷还是富有。这至少将会解决他的难题，他全家的难题，以及与那个老太婆进行交易的人的难题。

但他是个善良的基督徒，深知杀人罪孽深重。而且，他骨子里丝毫没有犯罪倾向，而是坚决反对谋杀。道德上，这种事想都不能想。因此，罗迪翁的一部分思想是要对老太婆实施行动，而另一部分却认为犯罪可憎，并且告诉他连这种想法也不该有。

在这场冲突中，这样两种想法并生不灭，迫使罗迪翁开始与自己谈判。他努力组织自己的思维方式：一边（谈判者 A）是他的贫困和对钱的需要；另一边（谈判者 B）是对犯罪，尤其是对谋杀的道德制约。为了让这两方和解，他把解决问题的焦点定位于老太婆的品格。他两次以借钱为借口拜访了这个老太婆。他研究了周围的环境（“以便应付紧急情况”）、她的习惯以及生活方式。但最重要的是，他想了解她“丑陋”、“蛮横”、“咄咄逼人”、“贪婪本性”的一面，了解她随时都会为了赚更多的钱而去剥削他人。

他还得知，老太婆决定将她所有的钱捐给修道院，条件是神父要每天为她的救赎祈祷。没有人会在她死后得到什么，不管是她的妹妹或其他任何人。所有信息都帮他建立起老太婆的丑陋形象，让自己把她当成一个必须消灭的人间“恶魔”。一旦这种画面成为老太婆在他心目中的形象，双方之间的谈判便结束了：现在他觉得，从道德的角度，他必须与这个老太婆品格中的恶魔作斗争。这种自我谈判的结果最终带领他克服疑虑和犹豫，制定出谋杀计划。

分析评论

分裂型人格

在做决定的过程中，特别是涉及对一个人具有根本重要性的问题（生与死、善与恶、道德价值等），一个决策制定者时常不得不与自己进行谈判。这种状况并不稀奇；许多著名文学作品中都包含了内心独白，只不过从没有人将其称为谈判。

而且，作家们常把与某种想法相关的人格分裂成两个人物，让他们彼此针锋相对，让原本的内心独白变为两种极端角色之间的对话。世界文学中一个最好的例子就是约翰·沃尔夫冈·冯·歌德（Johann Wolfgang von Goethe）所著的《浮士德》（*Faustus*），这个德国天才在作品中探究了人类知识和为此付出代价的问题。他将这个问题分成两个角色——浮士德博士（Dr. Faustus）和墨菲斯托费勒斯（Mephistopheles），并且通过二者对话的形式展现了一个学者的内心独白。在对话中，焦躁不安的学者在墨菲斯托费勒斯的逼迫下，在他探索人类本性的过程中学习他的欲望的代价，这种人为创造对话的写作手法自古以来就为人所知，比如说，在柏拉图的著作中。

但是，从谈判理论的角度讲，当一个人（无论是历史人物还是虚构的角色）面对严峻的问题、只能通过自己的信仰退让来解决时，这个人的内心便会展开谈判的过程。他/她的内心会被分成两部分，一边希望形成一种有助于解决问题的决定，一边是信仰和道德背景强加在自由选择上的桎梏甚至是禁忌。有一对古老的矛盾本质上与这个问题相同，即目的（可能看起来高尚）是不是能够证明方法（也许表现得让人憎恶）的合理性。

为了进行谈判分析，此类“内心谈判”的案例非常有用，因为两种不同的观点在同一头脑内彼此交锋，结果（实际上就是最终决定）取决于同一人格两部分之间的谈判。陀思妥耶夫斯基的作品便是个很好的例子。在众多极为关注内心独白甚至对话(可能看起来很奇怪)的作家中,陀思妥耶夫斯基被认为是成就最高的一位。在他的经典之作《罪与罚》和《卡拉马佐夫兄弟》(*The Brothers Karamazov*)、《赌徒》(*The Gambler*)等作品中,陀思妥耶夫斯基使用了大量的内心对话,本质上就是在实施对自己和社会具有重大意义的行为前与自我进行的谈判。

谈判问题

总之,应当强调的是,谈判理论必须凭借自身的方法和工具来研究自我谈判。任何决策制定者在准备做决定的过程中,典型的思维方式就是对不同的选择进行评估,但自我谈判并非如此简单。广义来讲,这是深度心理问题的一部分,借《圣经》的用语来讲,则属于人类心灵中天使与魔鬼的较量。基督教以前的作者们用对话来展现人类的内心挣扎。一些早期基督教作者(托马斯、奥古斯丁)使用同样的方法来展现人类本性中两种相互对立"原则"之间的挣扎。

这个案例的谈判理论可以帮助我们更好地了解内心谈判的本质和过程,以及后续可能出现的不同结果。该情况的一个关键在于谈判过程的整体性。如果说在所有人际关系中,谈判无法解决问题并导致冲突(婚姻、合同、交易、外交等关系破裂)出现时,总有解体的选择,那么在与自我谈判失败后,刚会出现人格分裂。这有时会导致精神病甚至自杀。但在多数情况下,为保持人头脑的完整性(这个目的很有效),可克服任何难题,取得谈判的成功。

编者点评

该案例展示了内心的争论。对于谈判者来说,要面对内心纠纷极为常见。真正的谈判常常包含内心的争论——自己一个人挣扎,比如"我是否应该表示一下威胁?"或"我是不是该中断谈判",等等。借助谈判理论理解此类内心冲突时，有一个有趣的问题：谈判理论是否可以启发对人类心理复杂面的探索？谈判是一种经谈判过程在分歧方之间达成的联合决议，不是在选项之间做出选择。

这个故事强调了谈判的一个方面：劝说。罗迪翁最终选择用非道德手段来完成道德的目标。通过将老债主形象的高度妖魔化，两方面因素才得以和解。第三方，即老债主的其他“受害者”的陈述和作用，也让天平偏向一方。最后一点在于问题的界定。罗迪翁开始将这个问题界定为善与恶的冲突时，便可以出现一个理性过程，结果显而易见。

第二篇
问题的界定与参照点

4

亚伯拉罕与上帝

节选自《圣经》

上帝说:“所多玛和蛾摩拉的罪恶甚重,声闻于我。我现在要下去,察看他们所行的,果然尽像那达到我耳中的声音一样吗?若是不然,我也必知道。”

二人转身离开那里,向所多玛去。但亚伯拉罕仍旧站在上帝面前。亚伯拉罕近前来,说:“无论善恶,你都要剿灭吗?假若那城里有五十个义人,你还剿灭那地方吗?不为城里这五十个义人饶恕其中的人吗?将义人与恶人同杀,将义人与恶人一样看待,这断不是你所行的。审判全地的主,岂不行公义吗?”

上帝说:“我若在所多玛城里见有五十个义人,我就为他们的缘故饶恕那地方的众人。”

亚伯拉罕说:“我虽然是灰尘,还敢对主说话。假若这五十个义人短了五个,你就因为短了五个毁灭全城吗?”

他说:“我在那里若见有四十五个,也不毁灭那城。”

亚伯拉罕又对他说:“假若在那里见有四十个怎么样呢?”

他说:“为这四十个的缘故,我也不做这事。”

亚伯拉罕说:“求主不要动怒,容我说。假若在那里见有三十个怎么样呢?”

他说:“我在那里若见有三十个,我也不做这事。”

亚伯拉罕说："我还敢对主说话，假若在那里见有二十个怎么样呢？"

他说："为这二十个的缘故，我也不毁灭那城。"

亚伯拉罕说："求主不要动怒，我再说这一次，假若在那里见有十个呢？"

他说："为这十个的缘故，我也不毁灭那城。"

创世记 18:20—32

（新国际版）

编者点评

这篇文章描述了一种两阶段的谈判流程，常被称为"准则—细节"(formula-details)法。第一阶段旨在构建双方都同意的原则。第二阶段则为实施阶段，目标是明确各项问题的具体数字。

对于此处所描述的案例，其原则是：如果有足够多的正义之人，则可避免所多玛和蛾摩拉的毁灭。讨论围绕拯救两座城市需要多少正义之人展开。亚伯拉罕采用递进方式，巧妙地对问题进行界定，使上帝做出让步。首先，使用参照点的变化，"五十个义人短了五个"，似乎是一种有效地开展征求妥协的方法。

在这种力量完全不对称的谈判中，亚伯拉罕没有资本去鼓动对方，也没有保留点（无备用方案），但他仍能用前面设立的原则不断迫使万能的主作出让步。

为了拯救义人免受不公平命运的对待，他说服上帝，不能"无论善恶"一视同仁。事实上，也可以将其解释为一种协议，即只要有十个义人尚存，就让善良人与邪恶人一并存活下来。

5

从不多付一分钱

纳西尔·艾德-丁·科贾(Nasir ed-Din Khodja)

纳斯鲁丁看他的驴子很不顺眼,就想把它卖了再买一头。于是,他来到市场上,找到拍卖商,把驴子交给拍卖商。

轮到拍卖这头驴子的时候,这位老先生站在一旁。拍卖商大声喊:“下一个将要拍卖的是,一匹无与伦比、绝对超值的驴子。起价五个金币,有谁愿意出价?”

“一头驴只要五个金币?”纳斯鲁丁觉得不错,于是开始竞价。价格越来越高,听拍卖商在每次竞价时不断地赞美这头驴子,纳斯鲁丁越来越想把它买下来。最后这场价格之战在老先生和另外一个买家之间展开。而纳斯鲁丁以 40 枚金币的价钱成为最终买主。

作为卖家,他向拍卖商支付驴子价格的三分之一作为佣金,并取得了自己的那份钱;然后,作为买主,他拥有了驴子的所有权。这头驴子也许只值 20 枚金币,所以他赔本了。但是他却买到了如此优秀的驴子,他觉得,要不是小镇拍卖商热情洋溢的描绘,他会一直忽视驴子的这些优点。

“我从不多花一分钱,”他自言自语道。就这样,纳斯鲁丁牵着他的驴子,走上了回家的路。

编 者 点 评

这个案例有关通过心理过程对商品重新进行评价。在拍卖商的整个拍卖过程和对驴子的形象管理中，对驴子用处的主观期待得以提升。事实上，纳斯鲁丁出钱买回自己的驴子，目的在于增加自己的满足感，因为他认为在驴子的价格和买下驴子的满足感之间存在着某种关系。

当然，整个故事挑战了谈判理论的一个基本假设，即双方要么知道自己买卖商品的价值，要么不管如何都要设置一个目标和保留价格；而故事中的纳斯鲁丁却没有这样做。

6

完美的对调

《涑水纪闻》

宋真宗在位时，张齐贤任宰相。当时，皇亲国戚之间因为宝物分配不均起了争执。他们不仅因此互相告状，还闹到了皇帝面前。这件事拖了十多天，仍未有一个满意的结果。

“陛下，此非御史苑所辖，”张齐贤说，“且交由臣下处置。”

皇帝应允。张齐贤来到自家府上，传唤争执的双方。

“你两家是否都认为所得甚少？”他问。

“是。”双方回答。

张齐贤立刻命令他们在证词上签字画押。随后，他派两个差使分别到两家，监督他们搬家。两家人分别搬进对方的府宅中。所有财产和宝物原地不动，但交换房产契约和相关文书。争执双方停止告状。第二天，张齐贤将此事向皇帝禀报。

真宗龙颜大悦，说：“朕知唯爱卿能办此事也。”

编者点评

在这个调解的故事中，再次验证了霍曼(Homan)的理论。人们对商品价值认识的差别让交易成为可能，并让交换对双方有益，因为各方都认为对方此前所占份额比较大。

协调人巧妙地让双方承认一个基本原则——他们的份额太少，而这个原则能将他们绑在一起，直到调解过程结束。

将这种解决方案应用到其他情况时，有一个要求，即必须存在一种基本对称的条件。通常此类案例中主要的做法是宣扬平等的原则，但在这里并未实行。相反，正是由于双方一致认为存在着差异，才让这个交易为其所接受。

7

乞丐需要改善生活

苏里亚·苏坎塔(Surya Sukanta)

巴厘岛上的乞丐们找到了一种乞讨的新方法，在上门乞讨时博得人们的怜悯。虽然巴厘岛上的乞丐并不多，但巴厘岛民却不喜欢他们，尤其不喜欢那些强壮、健康的乞丐。人们会斥责他们说："你为什么要乞讨？比我还要健康还要强壮呢。快去找份工作！"

但如今，乞丐们有了新战术：他们依旧去拜访各家，不同的是带了一个小杯子，里面放了一个洋葱。主人开门并问起他们为什么要乞讨时，他们会彬彬有礼地回答，这并不是在乞讨，而是想用洋葱换点米或者换点钱。

如果主人不愿意拿东西换洋葱，乞丐甚至会拒绝离开这个住所，除非能得到些米或钱。

房子主人不愿意看到乞丐在面前胡搅蛮缠，因此会给出一把米或一点钱——大约50或100印尼卢比，只要乞丐离开就好。乞丐面带微笑接受了施舍，并说声"谢谢"，然后带着洋葱离开了这户人家。

注意：乞丐们要的是未煮过的米；如果给的是煮熟的米，他们会拒绝；同样，他们会拒收水果和蛋糕。

编者点评

在这个无疑是谈判的案例中，重点是交易条件的创建。原本单边的需求变成了明显的交换。行为人不将其界定为乞讨，而是参与交易。洋葱明显是保全面子的好工具。由于乞讨者最后要把它带走，所以洋葱只具有象征意义。这种象征性的界定改变了双方关系的性质。也可能洋葱在巴厘岛社会中具有某种象征意义。

此外，如果这户人家不给乞讨者点东西，乞讨者就拒绝离开，这便给对方另外一种压力。这种情况处理起来要比在街上遇见乞丐难得多，因为在街上你走开就行了。

在某些文化中，人们对外在形象极为关注，不愿意被别人（尤其是邻居）当成吝啬鬼。乞讨者在门口长时间滞留，便因可能引发不良评价而向这户人家主人施压。

8

冷藏室里的谈判

I. 威廉·札特曼(I. William Zartman)

几年前,我和妻子因看到一家冻肉公司的广告,想以较低的价格买下四分之一或一半的牛肉。结果当我们去这家公司时,得知广告中的那种肉没了(大家可能会预料到),但他们提供了另外一些有吸引力的买卖,只要我们愿意进一步协商就能促成。为了协商,我们被邀请去查看这些肉块,这些肉块就挂在地下冷藏室里。我们来到了冷藏区,见到了许多种不同的牛的躯体,并听到了有关其质量的介绍。我和妻子对此感到意外;我们本来到这里是想买广告中的产品,可现在却不知如何是好了。当销售员出价时,我们并没有表现出惊讶,而是转向彼此讨论这件事——我们说的是法语,因为我的妻子是法国人。销售员听不懂我们在说什么,显得很迷惑,便降低了价格。现在,我们有两个决定要做:第一,要不要买另一种特价牛肉商品;第二,我们希望以什么价格成交。所以,我们再一次用法语商量了一下。这时,销售员又一次降低了价格。对此我们感到意外,但不久就理解了。随后我和妻子谈论了事态的演变,对此,销售员的反应是再次降低价格,并且表现出了更多的焦虑和诧异。第三个回合时,我们完全摸清了整个情况的动态,再次转向彼此,讨论了起来,还是用法语。这又带来了同样的效果,对此我们又再次讨论。整个会面结束时,我们虽然冻得不轻,却把牛肉的价格砍了一大截，期间我们没用英语对销售员说过一句话。我们带着以超低价买来的四分之一头牛的牛肉离开，这要归功于我们还价时的沉默。

编者点评

这个故事描述的情景发生在极不寻常的背景下，原本是一场简单的讨价还价(一个问题：价格)。事实上，同时存在两种谈判范式，而不是一种。销售员开始按照惯用的说服方式和让利方式与之交涉。而买主出人意料的行为与销售员的首要方式发生了冲突。夫妻两人私下里交换信息，被卖方理解为达成交易的潜在威胁。卖方感受到的压力越来越大，也就做出越来越多的让步。在这个案例中，很明显，是不确定性导致了卖方作出让步。

卖方由于被排除在讨论之外，不能左右情况发展，只能自己和自己做的假设进行谈判。他在与内心“喧闹的沉默”对峙。

谈判发生的环境——地下冷藏室本身也对这个过程产生了一定影响，这种影响显然不是冷却，而是加速。

9

共同支付交通罚单

杨洪刚(Yang Honggang)

三个中国家庭(包括我们家)住在一所大学旁,这是我们这些大人读研究生的地方。我们彼此相处融洽,常为上课的人照看孩子。我们很少有人有机会去游览美国东部和加拿大,所以暑假时,我们决定一起去旅行。每家一个孩子,总共九人。从经济上讲,我们这些家庭支付不起单独出行的费用,这也是我们想集体出行的原因。我们打算共同负担所有开支——包括汽车租赁和保险、汽油、行李架、住宿和照顾孩子的费用,而且要轮流驾驶。

离开镇上之前,我们一起开了个会讨论行程,一致决定凡是可以平摊的费用应由大家一起承担。在选择此次旅行车险时,我建议购买整车保险,为最坏的情况做打算。大家都同意了。

我们租了一辆面包车,一站不停地开往华盛顿。到了特区,我们显然都累了,但是兴致都很高。有一家想在当地找个扎营地。没人反对,于是我们就找了一处。但意外发生了。我的朋友"托尼"(化名)倒车时,无意中撞到了树上,后车窗碎了。幸好没人受伤。天已经晚了,我们不得不等第二天再去修车。托尼开始想,这场意外是否能得到我们购买的保险的赔偿。我们当中有人说能,有人说这是我们自己的失误,不能理赔。

托尼不久前经历过一场事故,他害怕再收到一张罚单,怕驾驶执照被吊销，也担心由他家单独承担损失。他重申了我们的“协议”，我们要共同承担责任。托尼说：“倒车时，你应该阻止我，更好地给我指方向。”他还问，有谁能说是自己而不是托尼一直在开车。

在激烈的讨论中，另外一个朋友“约翰”（化名）站起来说，如果我们都愿意在三年中分摊车险上涨的部分，他愿意帮助托尼。而我认为，我们从租赁公司买了整车保险，所以没有必要争论什么，“只要留着车窗修理的发票，就会获得赔偿，”但是我的解释不起作用，托尼和约翰仍表现出担心和疑虑。虽然托尼喜欢约翰的提议，却不同意约翰一家对分担时长的提议。托尼问，如果几年后我们回到中国怎么办？约翰回答，“我们可以交换我们的永久住址，并互相通信。”

可想而知，事故发生后，我们之间的气氛发生了剧变。我们商量着要回去，但对于这个提议孩子们很不高兴。我们暂时达成协议，继续旅行，稍后再讨论费用问题——我们并不是因为是否分担费用而意见不一，而是因为分担费用的方式产生了分歧。

我们继续旅行至纽约，停留了几天后转去加拿大。我们设法玩得开心些，但很少在酒店分享房间。我们一直彼此提醒，避免出现任何事故。尽管有此前事故的教训和不停的提醒，回家的途中，托尼又因为超速得了一张罚单。这也是事先没预料到的，于是出现了罚款分担的问题。托尼说，这并不是他一个人的责任，罚款应由车上的所有成员承担，因为当时没有人能替他开车。有一种反对意见认为，大家好几次都警告托尼要认真开车，让所有人都承担责任不公平。另外一种意见是，没有哪个文件上声明我们有分担每次可能性意外的法律义务。

各家最后达成了“协议”，决定我们应继续分摊罚款，原因有三：

——第一，托尼毕竟是在为“我们”这个集体开车，而不是为他自己；

——第二，托尼的损失更多，他的驾驶记录上多了一张罚单，所以我们应分摊罚款——弥补罚单的金额部分的损失，是理所应当的；

——第三，还有名誉方面的考虑，因为我们都是老朋友，应该互相帮助。

托尼不愿再开车了。因此，大多时间都由约翰和我来驾驶。我们把面包车归还给租赁公司时，得知保险确实涵盖华盛顿特区修理后风窗的费用。不久，当罚单的账单寄到托尼家时，我们又向托尼家支付了“我们”应当承担的罚款金额。

两件事和平解决后，托尼和他的家人仍然不太满意。其他两家也一样。虽然我们都想去美国的许多其他地方旅行，但是三家不太可能再次同意共同出行了。

分析评论

这个谈判中反映了下列现象：

——并没有像西方社会一样将责任划分清楚。在其他文化中，此类事务的处理方式可能有所不同。第一，从最开始关于可分担和可协商的定义就有差别。第二，有关个人责任的认识根植于集体观念中，或只是个模糊不清的概念。

——咎责大多应当共同承担，尤其是群体事件中。即使你未涉及群体行为，你的行为至少可以归属到以家庭为单位的社会交往之中。

——口头承诺常被认为与法律责任相当。

——谈判过程中阐述的不同意见，会影响未来的社会关系和交往，因为人们会将其视为逃避行为而铭记于心。

编者点评

公平是这个案例延伸出的主要概念，即如何公平地解决意外事故。责任的归属引发了个人主义与集体主义观点的冲突。显然，集体主义方式将博弈中的所有行为人都看成问题的责任人，由此引发了大量的讨论，特别是这种情况下责任界限模糊不清。另外，虽然钱可以分摊，但是罪责这个问题比较难处理。违章记录确实无法共同承担，因此提出了同样的问题。

这种博弈中存在一种内在的层面，因为谈判的重点在于该团体成员内部关系的质量。尽管大家决定保全面子，但最终关系并不像先前那样友好了。在某些文化中，比如中国文化，与分担数额较少的损失相比，丢面子被认为是更让人难堪的大问题（并且带来真正的心理损失）。

最后，在规则的建立方面，我们也可以提出文化议题。在西方，谈判者倾向于提前预见可能发生的最坏情况，而在中国文化中，人们不想关注一种可能不开心的结局。

10

小物一件

王大千(Wang Daqian)

有一天,王先生和朋友走在大街上,发觉自己没带烟。他让朋友在街上等一会,自己去附近的商店里买了一包烟。正当他想离开时,他想起自己没带火柴。不过身上只有一张百元钞票,没有零钱,他想请店主送给他一小盒火柴。

但这个店主说:“对不起,先生。虽然一小盒火柴只要5分钱,但也不是想要就白送的。”

自己的请求被断然回绝了,王先生有点生气。他没买火柴就回到朋友处,把发生的事情讲述了一遍。他向朋友抱怨店主太小气,连一盒5分钱的火柴也不愿意送。

他的朋友听后,笑道:“让我试试能不能要一盒火柴。”

朋友来到同一家商店,问店主:“一包烟多少钱?”

“10元,先生。”店主回答。

“给我拿一包,”朋友掏出10元钱,“能不能便宜点?”

“不能再便宜了,先生。”

“你看,我要求也不过分,就便宜一点点。5分钱而已。这对你来说不难吧?”

“5分？好吧。”

店主收下10元钱，正准备找零，朋友说：“不用找了，给我来盒火柴。”

店主毫不犹豫地把一包烟和一盒火柴递给了朋友。

王先生看到朋友拿着一包烟和一盒火柴从商店出来，甚是惊讶。

“你怎么办到的？我怎么不行啊。”王先生问道。

朋友解释说：“小物一件，看起来却不小。比如说这盒5分钱的火柴吧，你让店主免费送你的时候，在你看来可能不值钱，但在店主看来却不这样。这也是为什么店主不愿意免费送你的原因。只有用一个更大的数额与之相比时，这个小物才真小。与一包烟的价格相比，5分钱，甚至一毛钱，都算少。所以，当我让店主从1 000分中减去5分时，对他来说真的算不了什么。”

王先生大笑，点头表示同意。

分析评论

这个故事有关谈判的参照系统，告诉我们如何通过运用或不运用参照系统，增强自己的谈判影响力。从这个故事中，我们是否能够得出一种结论，即运用不同的参照系统会导致不同的谈判结果？

众所周知，所有事物都会与其他事物相联系。这是我们社会的本质特征，也是自然世界的本质特征。这也是我们会有不同参照系统的原因。

地球以某种方式与太阳系相联系，太阳系与银河系相联系，以此类推。如果以地球作为参照系统，太阳系是巨大的。如果以银河系作为参照系统，太阳系又是较小的。地球对我们来讲如此之大，但在宇宙中却宛如一粒沙。因此，同样的东西，既可以很大，也可以很小，这取决于参照系统。

该原则也适用于谈判。例如，当我们想获得大的折扣时，可以把这个折扣置于大的参照系统中，让它显得很小。当我们不想加大给对方的折扣时，可以就事论事，就像它是独立存在的，这样可以让它显得更大。我们还可以将其与较小的参照系统做比较，让它显得更大。

这些都是谈判中的常用技法。同样的技巧甚至还适用于社会问题的谈判。当我们想让谈判的议题看起来微不足道时,可以拿它与全世界所有类似事件相比较,这样它就会显得很平常。当我们想让它显得重大时,可以努力将其影响集中在特定区域内讨论:对于整个世界来说,这可能是小事一桩,但对特定地区来说,这可能是件重大而严肃的事情。

同样,我们可以将问题置于相当长的时间框架中加以考虑。在长期内,问题的重要性可能会降低,也可能变得日益重要。我们还可以将其置于较短的时间框架中加以考虑,这也可能导致其重要性降低或提高。因此,参照系统的选择完全取决于我们的目的。只要明确了目的,总会找到合适的参照系。

最后,关于这个原则,有一点值得提一下。这个原则,我们可以称之为参考系统原则,这并不是人类的创造,而是存在于我们身边的每个地方。我们要做的是根据特定情况的需要,有目的地运用它,来实现我们的目标。

编者点评

这个故事中涉及的谈判问题是问题的界定。第二个买主行为的全部意义在于将此前被当作免费赠品的火柴摇身一变,成为交换条件。案例中,我们见识了真实的交易:10 元换一包烟和一盒火柴。它的实现借助于一个中间物,即 5 分硬币。

正如作者所强调的,参照点是店主决定时的重要因素。与 10 元相比,5 分几乎可以忽略不计,而 5 分与零相比,就不能忽略了。

虽然我们只能假设情况是这样,但在这种关系中,除了利益因素外,也不排除其他原因,比如保全面子、名誉、趣味等等。

11

女孩的愿望

谭恩美(Amy Tan)

下面的小故事由一位华裔美国女士讲述。她第一次到中国探亲。陪她一同来的是她的妹妹宽,她在中国出生,讲一口流利的汉语,仍有许多当地的朋友。一次清晨散步时,她们发现一堆食品摊,并停在一个摊位前要买煎饼。

"多少钱?"宽打开零钱包。

"6元,"煎饼摊主告诉她。

我计算了一下,才一美元多点,太便宜了。而在宽看来,这简直就是敲诈。"啊?"她指着另外一个顾客说,"那你怎么只收他5毛钱一个!"

"当然啦!他是本地的工人。你们……是游客。"

"你说什么?!我也是本地人。"

"你?"摊主哼了一下,带着怀疑的表情打量了她一番,"那你从哪儿来啊?"

"Changmain。"

他怀疑地皱了皱眉头:"真的吗?那在Changmain你认识谁呀?"

宽一口气连说了几个名字。

摊主拍着大腿说:"吴泽民?你认识吴泽民?"

她确实认识。他们开始议论起吴泽民，我们也开始吃煎饼。不一会该走了。

“好吧，老兄，该给你多少钱啊？”

“6 元。”

“啊？还是 6 元？太多了，太多了。我给你 2 元钱，不能再多了。”

“那 3 元吧。”

宽笑了笑，成交，我们离开。

这个故事选自《纽约客》(*New Yorker*)刊载的一篇文章(1995 年 10 月 2 日出版)，并收录在《争端解决杂志》(*Journal of Dispute Resolution*，1996 年卷，第 1 期)之中。

编 者 点 评

本故事的重点在于交易条件的建立。游客在寻找能按照本地价格交易的理由。她和摊主认识同一个人，这让她的话显得更为可信，这是她按照自己的意愿交易的一个必要但显然不充分的条件。

由游客身份变成他人眼中的本地人之后，这个游客并未充分利用这一优势。如果说问题出在身份界定的话，显然她还是一个在发展中国家旅游的有钱的美国人。

事实上，谈判的结尾她具有一个强势的地位，因为她已经把煎饼吃了。她本可以按照当地的价格给钱，然后走人，但是她没有用这种方式利用她的有利地位。她可能陷入了西方的假设思维，即摊主对于所卖商品有最终决定权。

另外一点很有趣，那就是国际贸易中的参照点。游客的姐姐在遥远的中国采用美国参照体系，认为煎饼的价格“太便宜”。这是“民族中心主义”的典型例子。如果每个人都愿意以本国的价格支付的话，国际贸易也许就不存在了。评价一个商品的价格是高或低，还是处于一般水平，唯一的标准就是本地的标准。否则，我们为何不将酋长国（Emirate）的标准用于威士忌的价格，把格陵兰岛的标准用于新鲜番茄的价格，把撒哈拉的标准用于冰凉的自来水价格呢？

第三篇

风险与压力管理

12

骑车在北京

冯　海(Guy Olivier Faure)

北京，下午5点。城市西北地区，低矮的建筑与路面都是统一的灰色调，协调而枯燥，一切只不过是喧闹与躁动的背景。在这里，人群的汇集将任何日常生活变成一种隆重的活动，一种人类学的成就。行人、自行车、人力车、货车、汽车、卡车、公交车，聚集前行，喇叭、铃声、喊声、咒骂声，声声入耳。从西伯利亚直入的北风，夹杂了戈壁滩的灰尘，吹打着人的面庞，让人睁不开眼。但在这里，没什么是难以克服的障碍，人类活动照样展开。

我骑着自行车离开酒店，穿过胡同，胡同是传统的居住区，狭窄而蜿蜒的小巷像迷宫一样交错。北京与所有大城市一样，骑车者所遇到的最大障碍就是汽车。但在胡同里，道路太窄，只能单线单向行驶，因此很少有汽车通过，对于骑车者来说，生活也相对宁静些。

我来到一条小巷附近，险些撞到两个突然停车的骑车者。险境过后，我贴着对面的墙骑车，这才得以超过了一辆运煤车。下一个转弯处，一辆黄色小出租车因有人要卸白菜而停在那里。这时排队等候没什么用，看来这个路障可能要等路中央的这座白菜金字塔慢慢清除后才能消失。我从自行车上下来，穿过白菜堆，转而又遇上另一面积累起来的自行车堵塞。

在礼仪的指导下，我的目标就是快速从交通流中进出，而不触碰任何人、任何自行车。否则，很可能就会引发一场激烈的争执。没人曾尝试着让其他人通过，而我只能一步一步地前行，哪怕与前面的人之间只有一英寸的空间，我也绝不放过。这场博弈的一个基本原则是介入到其他人中间，却不明显地表现出来，这样才不会让他们觉得丢面子。

我坚定地向前挪动着前轮，同时也遵守着骑自行车不成文的规定，同时避免看周围的人。有人把自行车略微横插过来时，我的可操作空间便减少了，但也并未完全消失。虽然自行车是一种极窄的车辆，但阻止其向前移动也有很多方法。然而，一辆自行车可以像蛇一样穿行在车流的缝隙中，前轮先入，剩下的车架部分随之一扫而过。前轮像昆虫的触角一样，寻找着空间。它在我的控制下的运动，对其他骑自行车的人来说，这本身就是一种信号，一种语言。

终于我冲出了胡同，来到了一条带自行车专道的大街，由一条绿化带与汽车车道分开。这里一切都看起来更加简单，更加轻松。自行车道是条单行道，足够六辆自行车并排行驶。我前面的两辆自行车，载着铁棍，并排着骑。超过这两辆车是件冒险的事。我差点就要超过去了，这时对面来了一辆自行车(占用了他们所剩的空间而且看见我完全无动于衷)，这让我超车失败。在这个拥挤的车道，我必须常常刹车，然后再提速，空间小得每英寸都很宝贵。随时都可能发生各种动作，大家必须看出最微小的信号。假如我前面的骑车者从侧面看我一眼，那是因为他或她想要改变方向。我最好留心，免得来不及应对。

缓坡让我能稍微提速，但好景不长，有辆汽车停在自行车道上，这让一辆运货车慢得几乎要停下来。我停车，重新开始骑，然后遇到一群人围观一场纠纷。一时间，50 到 80 个人聚集了过来，严重阻挡了自行车车道上的通行。我不得不转到汽车道上，扛着自行车。

接下来，一辆三轮车拉着一个大平板车，带着个巨大的桶，顶部开口，里面盛着厨房垃圾。味道难闻，东西也很脏。我小心翼翼地超过这辆三轮车，但是那辆三轮车突然改变了方向。我的后车闸突然失灵，我使用了前闸，差点从车把杆处翻出去。我停下来看了一下，车后面的刹车块丢了。这不算什么意外，因为所有的中国自行车都会经历相同的命运：它们会一点一点地散架。

自行车道很宽，但前进的唯一方法是弯曲而行，因为随时都可能有人从你前面插进来，然后停车去商店或进院子。带着大平板挂车的三轮车，占用了很大的空间；人力货车让整体速度减慢；反向行驶的自行车车流，有时还夹杂着后面带拖车的货车，让局面显得更为混乱。随时都可能出现状况。甚至还有可能冒出一辆卡车，而且是反向行驶。而我只能挤在车道的一边。卡车过了，留下云雾似的灰尘。

但这还不是最坏的情况。我抵达了一个有交通信号灯的主要路口，路口中间的台子上站着个交警。但是，这里却混乱不堪，只剩下强者法则在起作用。公交车、电车、卡车挤兑汽车，汽车挤兑自行车，自行车顺势也就挤兑行人了。极少数的车辆能够改变这种基本关系。剩下的就是操控技术的问题了。

自行车越聚越多，交通信号灯变成了绿灯。我本应该提前几秒钟起步，可现在右转车道上的汽车切断了自行车车道，而在交通信号灯再次变成红灯之前，没有机会直行。我提前意识到这种情况，已想好正确的操控方式；但是自行车起步却不如汽车快，我发现自己陷入交叉的车流中间，对面是左转的车流。这个车道上的每辆车都要转弯，前后车辆中间没有空隙。我周围的自行车越聚越多。我们在 15 辆自行车的前排。其中一位把前轮插到一辆汽车前面，迫使其停下。这样一来，整群骑自行车的都动起来了。但这时，交叉大街上的车辆又开始开动了，我和其他人一样，在右侧过来的汽车和公交车之中冲进冲出，才能到达十字路口的对面。

后来，我依旧：在从左、右、对面驶往四面八方的自行车中艰难前行，这已司空见惯了。在北京，骑车技术娴熟的标准是通过的时候刚刚蹭到但不碰到，或者半挡着其他人而不迫使其他人作出决定。

因为后刹车不能用，我必须降低车速。夜幕降临，路上的一个裂缝（最后一刻才看见）着实让我从车座上颠了起来。我没有摔倒，但脚踝撞到了踏板，受了点轻伤。

几分钟后，天就会完全黑了，那时情况也不会好到哪里去。中国的自行车没有灯，自行车道也没有灯。我会在可能的情况下，借助汽车的大灯骑车。在中国，骑自行车时的基本特征无疑就是模糊和不确定性。同样的话可以用来形容在中国做生意。

分析评论

根据上述内容来讨论谈判，是否讲得通呢？答案是肯定的，只要我们把在北京街道上骑自行车的故事看成一种隐喻。

自行车车流，与贸易和商务没什么不同，可以看作全球系统（北京的交通）中的子系统。它具有自身的思维方式，自身的特点，以及道不出的规则。目标就是让所有骑车者用最少的时间抵达目的地。

谈判之所以存在，是因为彼此之间不能善意相待、不存在最低程度的合作时，没有人能够达到预期目标。这里需要一种安排，一种妥协。竞争层面显然存在。先行当然具有优势，但相应的带有风险性（争吵、事故、打架等可能性）。这是一种非语言的谈判，谈判中交换信号，以传达需求、希望、专注程度或对他人的关心。

几个行为人知道其他各方可能（在所有选择中）挡住道路，于是在一套限制措施中努力平息这种“谁先走”的利益分歧。文化系统中的各方都会采取战略（如：慢慢往前蹭，穿行，另辟蹊径），并通过战术加以实施（如：前轮插到车流中，走错路，大喊，彼此示好，寻找后面或拖车后的庇护，扛着车走，让他人先走，挡住路，等等）来达到前行的目标。但是，能继续前行的代价是要给他人机会，从前进的角度，让他们获得一些利益。

在这种背景下，人们可能会经历双赢的程式，以及赢和输的选择，甚至是双败的下场。双赢的程式假定双方都让步，以尽量减少堵车的时间，赢和输的选择能带来主要的收获，比如超过所有人，但也可能包括相应的高风险，如事故或受伤。双败的下场可能在没人想先让步的情况下出现，这种情况常导致交通堵塞。

因此，北京的自行车之旅包含了系统性流程中的一系列谈判。这些谈判需要谈判者动用大量官能，包括同步整合应提前预见的大量信号，管理不确定性，预见时间和发明非常规的方式。

解读微弱信号，将其同步整合

在古代中国，医生都是通过搭脉搏给病人诊病。医师可以辨别不同类型的脉搏，每种脉都对应着一种重要器官。辨别并解读这类信息的能力是医术高低的指标。这有点类似于骑自行车的人解读信号的需要。

一个骑自行车的人附近不断有人发出众多的信号。他必须捕捉到所有重要信号，将其结合成为有意义的、连续的信息组，并随时设想出可能的结果。此类活动对于骑车者的安全至关重要，对于前行也很重要。例如，如果并道的汽车表现出迟疑的迹象，所有人都会抓住这个机会，抢先骑到前面；如果交叉路口的交警正在给某人开罚单，所有人都可以自由对待交通规章，等等。

不确定性的管理

这个博弈比此前想象的开放得多。虽具备正式规则，却没人严格遵照执行。例如，自行车停在一个路口，并不是因为遇上红灯，而是大多因为无法穿过繁忙的车流。因此，不确定性是此类情况的主要特点。

不确定性主要涉及其他行动者的行为，包括前面、侧面和后面的骑车者。文化习惯促使行为人将不确定性降低至某种程度，却不能完全将其消除。比如，穿过自行车流的行人永远不会后退。这种行为减少了可选的范围，但靠近行人时仍有其他几种行为可选。地面上意外出现的障碍（如坑、沟、不同寻常的物体，或者散落的装载物）增加了这种不确定性。

在所有上述情况下，骑车者都极易受到伤害，但也可以通过减速延长危险情况下的反应时间，来降低相关的风险。但也正因为如此，骑车者将用更多的时间驶完全程，因此收获将大打折扣。

预期

在一种互动过程中，如果没有预期，就不会有高效的行动。好比在一场博弈中，人们必须设计、想象并预见他人可能的行动。对于市场中的买家来说，这种操练执行起来相对简单，因为对面只有一个对手，主要问题也只有一个。但是处在北京的来往车辆之中，问题就不那么简单了。行为人和可能发生事件的数目大增，游戏的规则也宽松到允许多种行为选择存在。例如，能穿过十字路口到达马路另一面，预示着行为人具有绿灯亮起前就提前行动的能力。

此外，有些行为不一定能通过简单的推理得出，因为它们根植于非线性逻辑依据，这些逻辑与对方文化的特定思维方式一致。在中国传统文化中，只有魔鬼才会走直线；而今，中国的骑车者也这样认为。在非线形的动态中，可预见性并不能通过运用规则来实现；轻轻一推，就可能引发大的变动。这并不会让预期的必需性减弱，而是让实施的难度加强。

创造非同寻常的方式

自行车车流中，任何时刻都堪称新问题数据的集合体，针对这些问题必须要设计出一种备选方案。既然没人遵守正式的规则，这些规则在解决困难方面就毫无益处。我们必须以不同寻常的方式行动，在面临意外状况时能够创新思维。

发明并实施新的方法，是谈判者需要具备的技能，以探索最广泛的可能性。因此，对于在北京街道上骑车的人来说，创造性意味着，比如，不按规定转向，扛着自行车，横穿到为行人设置的路面，等等。

结论

骑车周游北京既是数百万人的个人问题，也是集体的问题，因为个人努力的结果要依赖于他人的行为。在大街上，车流一直由人的决定左右，无需任何语言交流或互动。人们需要沉默着前进，而他人的行为对我们在空间和时间上的利益有着直接影响。

虽然街道上显然混乱不堪，躁动不安，但也有一种谈判式的秩序普遍存在着，赋予整个系统一种整体效率。在某些神话故事中，人们可能听说过一个被称为“混乱之主”的角色，它负责管理混乱并赋予其意义。而在这里，该系统的整体逻辑不是由一个领导来指挥，而是通过许多以微妙方式在微观层面进行的谈判互动来实现的。

系统效率可能被认定为是相对较低的，毕竟个人利益与群体利益之间存在着对立。例如，每当一个骑自行车的人抢先起步时，他或她会让对面骑行的 20 个车手感到失望。每当一个人较晚穿过马路时，他或她就阻碍了垂直车道上行驶的 20 多个车手起步。

在北京骑自行车，是复杂背景下的一种谈判秩序，因为它超出了物理学规定的静态平衡状态的意义。它是由行为人每时每刻的行动后果构成的动态系统。简单的逻辑无法解释它的本质。这种状态容易受到当地危急情况（交通阻塞、争执、事故，等等）的影响。整体平衡不稳定，并依赖于个人通过无声的谈判程序达成的改变和方案。

行为人的策略在限制系统中得以显示，并需要特别的官能来找到最优化的解决方案。这些官能包括人的感知力，信号的解码和同步整合能力，对高度不确定性行为的管理能力，以及预测并创新的能力。对于任何谈判来讲，这些官能本身都是颇具用途的特点，只是用途的程度不同。

最后，中国骑车者的行为与中国谈判者的行为有些相似点。城市车流以及中国人的应对方式，对于探究中国人如何谈判，颇具启发性。上述是中国谈判范式的一个表现。商业交易是该范式的另外一种表现。自行车流与商务提供了容易捕捉该范式内涵的隐喻。

编者点评

这个故事可以看作是制度构建的案例，因为博弈的重点不只在于遵守当前的规则，还在于对博弈规则本身的把玩。这是一个典型的战略性博弈情景。

北京的自行车流既是一种谈判也是对各种谈判的比喻，可以指代贸易协议、商务协议、家族系统中职能的分配以及在集体宿舍里创建自己的空间。

在任何一种谈判秩序下，都会发生互动式的决策流程。个人的一连串行动与他人的集体反应有着紧密联系。公路文化由此建立，最终结果就是一种动态的平衡，而这种平衡也随时面临着挑战。

13

喇合与侦探

出自《圣经》,由史蒂芬·布拉姆斯(Steven Brams)讲述

摩西死后,约书亚成为以色列的领导者。他派出两个侦探到迦南侦查,为占领迦南做准备。

侦探来到一个名为喇合的妓女的家,并在那里住了下来。有人告诉耶利哥的国王说,今夜有以色列人来到这里窥探此地。耶利哥王打发人去见喇合说,把来到你这里,进了你家的人要交出来,因为他们来窥探全地。(约书亚记,2:1—3)

喇合承认确实看见了这两人,但说他们已经走了。她声称不知道他们去了哪里,又催促人们去追。追捕行动无果而终,因为是喇合把二人藏到了房顶上的亚麻秆堆中。她告诉侦探,她之所以欺骗她的国王,是因为以色列人和他们的上帝的威名。

> 我知道耶和华(Lord)已经把这片土地赐给你们,并且因你们的缘故我们都惊慌了。这地的所有居民在你们面前都会颤抖。因为我们听见你们出埃及的时候,耶和华怎样在你们前面使红海的水干了,并且你们怎样待约旦河的两个亚摩利王——西宏和噩,将他们尽行毁灭。我们一听见这些事,心就消融了。因你们的缘故,并无一人有胆气。耶和

华，你们的神本是上天下地的神。（约书亚记，2：9—11）

作为一个妓女（及商业女性），喇合当然了解交换的道理。为了不让她藏匿侦探的努力白费，她向二人提出了如下主张：

现在我既是恩待你们，求你们指着耶和华向我起誓，也要恩待我父家，并给我一个实在的证据，要拯救我的父母、弟兄、姐妹，和一切属他们的，拯救我们性命不死。（约书亚记，2：12—13）

两个侦探听后觉得这个交易不错，接受了提议，但是前提条件是喇合继续为他们提供支持：

你若不泄漏我们这件事，我们情愿替你们死。耶和华将这地赐给我们的时候，我们必以慈爱诚实待你。（约书亚记，2：14）

喇合帮助侦探从房顶上逃过，并给予他们明知的建议：

你们且往山上去，恐怕追赶的人碰见你们。要在那里隐藏三天，等追赶的人回来，然后才可以走你们的路。（约书亚记，2：16）

侦探们也顺便提醒喇合，只有她严格按照他们的要求做，才能保证交易有效，他们告诉她：

我们来到这地的时候，你要把这条朱红线绳系在缒我们下去的窗户上，并要使你的父母、弟兄，和你父的全家都聚集在你家中。（约书亚记，2：18）

喇合严格按照侦探的指示，而侦探也同样完全采纳了喇合的意见。他们躲在深山中三天之后，逃离了追查，返回了约书亚处，告诉他发现的秘密和观察到的事情。

耶利哥没有上帝的援助，在羊角号响起后被捕，而以色列军队的呼喊声排山倒海。“将城中所有的，不拘男女老少，牛羊和驴”(约书亚记，6:22)，都用刀剑斩尽杀绝。在将整座城付之一炬之前，两个侦探把喇合与她的家人带到了安全之处，“因为她隐藏了约书亚所打发窥探耶利哥的使者”(约书亚记，6:25)。

本故事来自史蒂芬 J. 布拉姆斯(Steven J. Brams)所著《圣经故事：博弈理论与希伯来圣经》(Biblical Games: Game Theory and the Hebrew Bilble)修订版，第 107—108 页。

编者点评

双方陷入的属于一种双向人质的形势。其中的条件就是喇合藏匿侦探，而侦探则在日后保护她和她的家人。这是一个先后的决策流程，所有的特点都与该情景相关。每个人都可能在协议议定后背叛他人。侦探除了同意没有其他可行的选择。喇合通过逐次提出要求，将该过程变为真正的谈判。她先从耶利哥一事的基本假设开始。双方知道，上帝的旨意是构建其策略的元素。它为本应敌对、彼此信任度极低的双方带来一种共性或共同观念。按照交易条件切实履行，才符合双方的最大利益，因为其他方案不会为任何一方带来更高的收益或让其付出更低的代价。这也就是构建信任的可能方式。

14

图什拉塔对埃及法老的请求

赛达·居内尔和丹尼尔·德鲁克曼(Serdar Güner, Daniel Druckman)

《阿玛尔纳书信》(Amarna Letters, 1400～1350 B.C.)展现了数千年以前,中东的几个统治者之间存在的微妙的权力平衡政治关系(Moran, 1992)。埃及人、赫梯人、米坦尼人、巴比伦人、亚述人以及一些小国在“兄弟情谊”或平等的基础上,结为联盟。这些统治者之间的联盟主要通过联姻而建立起来。比如,米坦尼国王——阿尔塔塔玛(Artatama)、阿尔塔塔玛的儿子舒塔尔纳(Shutarna)、舒塔尔纳的儿子图什拉塔(Tushratta)都曾将女儿嫁给图特摩斯四世(Thutmose Ⅳ)和阿梅诺菲斯三世(Amenophis Ⅲ),送去嫁妆并获得聘礼。但是,埃及是当时青铜时代中期的霸主,这个事实给表面上的平等蒙上了一层阴影。

埃及-米坦尼关系在图特摩斯三世时期以冲突为主题,图特摩斯在公元前 1472 年袭击米坦尼(Redford, 1992:159)。索萨塔(Saussatar)——据说是米坦尼第一个国王帕拉塔尔纳(Paratarna)的儿子,当时在美索不达米亚(Mesopotamia)东北重新建立米坦尼的控制区并建立了卫星国家,如哈尔帕(Halpa,或称阿勒波 Aleppo)。在这场没有取得确定结果的冲突发生后,图特摩斯四世于公元前 1415 年娶了索萨塔儿子阿尔塔塔玛的女儿(Redford, 1992:165)。Redford(1992:165)解释了索萨塔的地理战略定位:“这种情形下，米坦尼亚人没有什么别的出路了，要么单枪匹马地应对双面夹击，要么寻求建立联盟，解除一方的危机。米坦尼明智地选择了后者。卡特(Khatte)距离更近，敌对性更强，而且不易平息，但远处的阿梅诺菲斯二世却反复无常，似乎有谈判的余地。”这是对情势起决定作用的联盟，但不会威胁到赫梯人(Roux，1992:256)。埃及和米坦尼之间的联盟就这样存留下来，一直到阿梅诺菲斯三世逝世时为止。

图什拉塔在他和女儿塔达凯帕(Tadu-Heba)——阿梅诺菲斯三世遗孀，阿肯纳顿(Akhenaten，即阿梅诺菲斯四世)的妻子——纯金塑像的去留问题上，向法老阿肯纳顿和其母亲泰伊(Teye)提出了坚决的请求。阿肯纳顿未按照他的父亲阿梅诺菲斯三世的许诺将纯金的塑像交给图什拉塔，而是给了他一个木制镀金的雕像。图什拉塔将这件不幸的事归咎于阿肯纳顿对政治不感兴趣，还认为是阿肯纳顿在与伟大的赫梯国王萨菲勒留莫斯(Suppiluliumas)的战争中失败所致。

萨菲勒留莫斯于公元前1344年即位成为赫梯国王，此后曾两次入侵米坦尼，第一次以失败告终(Gurney，1990:23)。图什拉塔在萨菲勒留莫斯的第一次入侵中，击退了赫梯人，随后便把一大部分战利品送给了阿梅诺菲斯三世(Gurney，1990:22)。阿玛尔纳EA 17(EA代表El Amarna)为此事件提供了证据。在萨菲勒留莫斯的第二次尝试中，他突袭米坦尼北部。结果，米坦尼首都瓦苏卡尼(Washukanni)沦陷，图什拉塔逃离。但这并不代表着米坦尼王国的迅即灭亡。图什拉塔失去了幼发拉底河以西的领土，但他对埃及的依赖和军事上的失败，导致他死于自己的儿子手中(Roux，1992:259)。公元前1360年左右，在此前的米坦尼王国领土附近，叙利亚正在兴起，而米坦尼王国便从此消失了。

阿梅诺菲斯三世在赫梯人取得胜利后不久离世，他的儿子阿肯纳顿成为法老。阿玛尔纳书信EA 17—29补充了埃及-米坦尼通信，我们将其分为两部分：一部分是图什拉塔写给尼姆雷亚(Nimmureya，即阿梅诺菲斯三世)的，另一部分是写给纳普雷亚(Naphurreya，即阿肯纳顿)的。事实上，金塑像的故事包含了三个主要角色：尼姆雷亚、纳普雷亚和图什拉塔。泰伊，纳普雷亚的母亲也收到了图什拉塔的信，也是有关塑像(EA 26)的事。在通信中，图什拉塔是发信人，法老们则是收信人。

后面的故事诠释了这些信件，Moran 用数字为这些信件分别编号。

图什拉塔给尼姆雷亚的信

图什拉塔给尼姆雷亚的信在 Moran(1992)中编号为 EA 17、19、20、21、23 和 24。EA 17 提出了重新巩固米坦尼-埃及同盟的建议。建立同盟的意义在 EA24 中有明确的表述(Moran，1992:69)："……但是如果将来我兄弟的敌人侵犯我兄弟的土地，(然后)我的兄弟写信给我，胡利安人的土地、盔甲、武器和与兄弟敌人相关的一切，都由他支配。但反过来，如果我遇到敌人——但愿敌人不存在——我将写信给我的兄弟，我的兄弟将向埃及派送盔甲、武器……以及与敌人相关的一切。"

图什拉塔可能是通过谋杀他的哥哥才得以继位的，他在米坦尼统治精英阶层中的地位不太稳定(Roux，1992:259)，但图什拉塔告诉尼姆雷亚的却是另外一种情况："……我的兄弟，我杀了阿尔塔舒玛拉派来的杀手……"(Moran，1992:41)。

图什拉塔想维系米坦尼-埃及联盟，因此为对方送去一部分战利品和其他礼物。尼姆雷亚最终给出了肯定的回复，并要求图什拉塔把一个女儿嫁给他。因此，建立联盟就是要献上公主和聘礼，对方也会以黄金和礼物作为酬谢。EA 19 中，图什拉塔接受了婚嫁的建议，因此两国之间结成联姻关系。他通过使者凯利亚(Keliya)向对方索要黄金，顺利地将消息传过去，尼姆雷亚送了少量的黄金。但是，图什拉塔想要更多的黄金作为塔达凯帕(Tadu-Heba)的聘礼，用来完成他建造祖父阿尔塔塔玛的陵墓的心愿。

图什拉塔的目标是要从法老那里取得黄金，而且比他父亲苏塔尔纳(Shutarna)得到的还要多。如果尼姆雷亚同意他的要求，便可以实现图什拉塔的目标，即证明尼姆雷亚对自己统治下的米坦尼王国表现出的友谊超过了他父亲的时代。增加黄金的数量，还可能表示获得米坦尼支持的代价比以前更高。EA 20 说明，尼姆雷亚送去的黄金确实满足了图什拉塔在米坦尼精英阶层和外族宾客前炫耀其影响力的目的。EA 24 揭示了图什拉塔也希望尼姆雷亚向贵族和外族宾客展示他女儿的嫁妆。这封信中,图什拉塔提出了建造他女儿塔达凯帕黄金塑像的要求(Moran, 1992:68)。

这一系列的交换在这些王国首领的地位之争——更大型的博弈之中具有象征意义。正如同时代的其他中东统治者,图什拉塔凭借从埃及法老处收到的礼物,来衡量自己的地位。为了这些礼物,图什拉塔和其他统治者们愿意付出高昂的代价——嫁女。在这个交易中,图示塔拉实现了自己的目标。(有关这些交换的社会—心理层面的更多评论,参见 Druckman 和 Güner 即将推出的著作。)

图什拉塔给泰伊和纳普雷亚的信

EA 26 是图什拉塔给泰伊——尼姆雷亚遗孀的信。这是有关图什拉塔和女儿塔达凯帕黄金塑像的抱怨信。泰伊和她的儿子纳普雷亚法老,都没有送出纯金塑像。纳普雷亚用镀金的木制雕像取而代之。图什拉塔让泰伊与她的儿子谈谈,并将图什拉塔与他父亲之间形成的合作关系告诉他。他满以为这样纳普雷亚便会把许诺的黄金塑像送给他了。

图什拉塔不仅依赖于尼姆雷亚的承诺,同时也把希望寄托于泰伊的呼吁,即埃及—米坦尼的关系会在她的丈夫死后保持不变。人们确实认为,纳普雷亚受到了母亲的影响(Roux, 1992:258)。图示塔拉猜想,当纳普雷亚知道自己与尼姆雷亚的紧密关系后,他一定会改变态度的。

EA 27 中,图什拉塔坚持要回许诺的塑像。他写信称,尼姆雷亚应当在米坦尼使者面前铸造曾许诺的塑像,并送给图什拉塔四袋黄金。他派使者拜见纳普雷亚,告诉他,只有图什拉塔的使者返回后,才会让他的使者玛内回去。这意味着图什拉塔对交换报酬的重视。但是,等待使者归来的图什拉塔,却只收到了纳普雷亚拒绝放其返回米坦尼的消息。于是,他写了 EA 28 以示抗议,重申了他将让玛内留在米坦尼,除非对方释放米坦尼使者。

纳普雷亚的行为究竟是否源于图什拉塔扣押使者玛内,尚不能确定:纳普雷亚可能是因扣押玛内而进行报复。他的行为可能意味着他不像父亲那样重视与米坦尼的联盟，因为他对宗教的爱好胜于对政治价值的爱好。而对于图什拉塔来说，他的坚持可能被理解为，他迫切需要埃及的支持来实现自己的政治目标。

图什拉塔写道，他的祖父阿尔塔塔玛在图特摩斯四世（ThutmoseⅣ）的第七次请求后献出了自己的女儿，而父亲苏塔尔纳在收到第五或第六次请求时答应把一个女儿嫁给尼姆雷亚，但他只在尼姆雷亚请求一次时就答应将女儿嫁给尼姆雷亚（EA 29）。这很好地展现了米坦尼是如何对埃及提出的要求更持接受的态度，也展现了联姻关系随时间发展的变化。这究竟显示了两国的友好关系日益加强还是米坦尼对埃及日渐依赖呢？图什拉塔暗示，在他国看来，这两个国家间交换礼物、互助合作，确定了两国的同盟关系。

图什拉塔又认为一切都将一如既往，甚至认为两国的同盟将随着每位新君主的即位而得到巩固。双方一诺千金。换言之，在他看来，一旦合作关系正式成立，任何一方的国王都不能违背。

图什拉塔不但为了金雕像的事抱怨连天，还通过派遣他的使者科里亚并扣押玛内来进行报复。有趣的是，镀金的木雕像就是科里亚和玛内这些使者从埃及运回的。从上面讲述的事情中可以看出，这些使者冒着巨大的危险，另外，纳普雷亚还扣押了两个米坦尼的使者。纳普雷亚声称阿萨利（Asali）和阿塔素巴（Artasuba）在埃及犯下了罪行，干扰了纳普雷亚只有一个太阳神的宗教改革。这些使者的某些行为被愤怒的法老看作是针对其改革的破坏行为。

法老未送来金塑像，这让图什拉塔倍感困惑，但他仍然凭借两国过去的联盟关系以及自己和法老的父亲尼姆雷亚的合作历史，努力说服对方。他的真正目的可能是将雕像作为埃及支持的证明，借以巩固他在米坦尼贵族之中的地位。但是，法老却表现得疏远而冷淡，个中缘由，可能是出于对追求米坦尼的合作不屑一顾（他忙于宗教改革），也可能是因为低估了米坦尼这个合作伙伴的价值。第二种可能性的几率更大，因为可想而知，法老本可以什么都不送。但是他并没有这样做，而是送去了木雕像，这构成了他的一个暗示，表明他虽然理解埃及—米坦尼同盟的价值，但重视不足。

分析评论

金雕像的故事只是埃及与其他国家实际交往中的一个罕见案例。法老们通常甚至不与其他统治者交往或回答他们的要求。图什拉塔坚持索要金雕像的案例，展示了阿玛尔纳时期的统治者衡量双方合作关系的方式，以及他们对未来的期望。这些期望构建在过去的基础之上。友好关系的历史被认为是维持同盟的充足条件。当持续的往来建立在脆弱的互惠行为模式上，或者缺少互相依赖性(Druckman, 1990)时，常会出现单边脱节的情况，这种期望在今天看来可能显得十分幼稚。此外，图什拉塔努力激发一种埃及-米坦尼合作关系不断发展的形象。但是，图什拉塔通过惨痛的教训得知，诺言不一定靠得住。

该时期更广阔背景下的故事都记录在 Moran 的 300 多封信中。这是各国领导人努力获取当时霸主——埃及垂怜的故事。法老们冷淡，看似不感兴趣，导致他们的努力付诸东流。但这也是涉及误解、沟通失灵以及意图模糊的故事。如果不是这些特点也存在于现代国际关系之中，我们会将其归咎于当时交通工具和通讯技术的落后。

* 特别感谢 Mieko Fujioka 为本文组织材料。

编者点评

这个谈判案例以图什拉塔的失败告终。由于当时兴起的地区性革命，法老的安全保障的重要性日益显著。他不再需要，或者说不再在乎米坦尼的支持。

图什拉塔采取公平的原则以维持同盟,坚持平等并履行以往的承诺,希望能借此弥补当时力量悬殊的状况。为了达到这个目的,他甚至借使者创造了双方扣押人质的局势。但最后的招数也未能帮助他实现目标。

为了明确表达同盟的问题,双方交换了象征物,比如公主和金塑像。

第四篇

升级与陷阱

15

牡蛎与诉讼人

拉封丹寓言

有一天，两个旅行者在海滩上，
看到附近有一只牡蛎。
两人盯着牡蛎，板着脸，
争论着该谁吃这只牡蛎。
一位俯身就要去捡牡蛎，
另一位却说："吃之前我们还是把话说明了，
谁先发现这只牡蛎，谁就可以吃。"
"要是这样解决问题的话，"同伴接过话茬说，
"我的眼力最好，当然领先一步！"
"我的眼睛也不赖。"另一位说。
"这方面我要比你强得多。"
"好吧，你看见了。我嘛，在你看见之前，
就已经感觉到了它的存在：这才是王道。"
就在两人吵得天昏地暗之时，
唐丹赶来了，两人连忙请他裁决。
他神情肃穆地打开牡蛎，

一口把它吞到肚子里。两位先生傻眼了。
唐丹满足地舒了一口气，
用庄重的口气宣布：
“判决如下，每个人平分一份。”
如此，他让二人各取一枚牡蛎壳，优雅地，
祝愿二人从此和平相处。

寻求公平时，留心法庭诉讼的代价，
再计算我们经过诉讼还能剩下几许：
大家可以看到，唐丹渔翁得利，
众人分担费用，少数人享受公平。

原文（英文）由Ⅰ.威廉·扎特曼依据法语版《拉封丹寓言》（La Fontaine）第9卷第9个寓言——《牡蛎与诉讼人》翻译而来。

编者点评

这个案例有关公平分配一种不可分割的商品。双方只能单方面表达自己的需求，最终陷入僵局。这个案例还涉及第三方的干预。这里出现了一个仲裁人，利用当时的情况将牡蛎据为己有。从两个诉讼人的利益出发，我们发现，他们从一种胜败关系转为双败，这种情形在当今仍然不算罕见，尤其当人们寻求法庭协助解决纠纷时。

事实上，解决类似于牡蛎的问题，有很多方法。例如，掷骰子。另外一种方法是，在两人中拍卖这件物品，出价高的一方得到商品，而另一方从胜出的竞价人那里获得价格的一半。而把牡蛎扔回大海，也不失为一个明智的决定。

16

耐　心

克里斯汀·苏尔尼亚(Christine Sournia)

这个故事由当事人之一为作者讲述。故事发生于1996年,中东的某地。

保罗正心情放松地坐在空客A340上:不寻常的环境中紧张的一周刚刚过去。现在他需要在这个舒适的环境里放松身心,不用担心接下来怎么提问,或怎么作答,不用担心在谈判中脱口而出的每个字所带来的重大影响。保罗此时正舒舒服服地坐在飞机的头等舱,回想起几个月前的一天,与经理打开这个新文件时的场景。回忆又特别定格在上一周,重新回顾了从上周六降落在这个遥远国度的首都起每天发生的事情。

那是周六晚上,飞机上满载着周末长假归来的本地人和西方家庭。凌晨3时45分,浓重的夜幕下,飞机舱门开启,国际机场内只亮着星星点点的灯光。无论是孩子们还是其他乘客和乘务人员皆疲惫不堪。这次飞机只晚点了几个小时而已。经过取行李时似乎永无止境的等待,通过不同的安检关口,保罗和他的同事们终于冲进一辆气喘吁吁的出租车,穿过这座沉睡中的城市。就连城市的主要街道也是一片漆黑,了无生气。不时会有某个店面射出微弱的灯光,也许那时面包师傅刚刚起床。酒店前台习惯性地露出微笑以示欢迎,并送来一声问候,“早上好”——对于终于可以好好睡上一觉的人来说,这句话该多么可怕!

星期日

三小时以后，保罗被他当地的代理叫醒。这位代理无法与当地的谈判对手安排今天的活动。这些人似乎仍沉浸在数日的欢庆中，身心疲倦。保罗和同事们曾与这个国家的人打过交道，所以这一消息堪称不详的预兆。少数接通电话的人说，他们过一会儿回电，安排约定会议的时间。但一个多小时过去了，什么也没发生。最后，本地人假装不知道保罗和他的同事们为何来拜访他们。这究竟是怎么一回事？

多亏我们的来访者们经验丰富。要知道双方数月来一直对一个重要合同进行磋商，而从这种怪异的接待方式中可以得出几点结论：保罗一行人可能没能与有关部门真正的负责人取得联系，或者，他们的联系人并未从上级（正式提供该国入境签证的人）那里得知他们来访的消息，抑或是这些联系人不愿承认已收到消息。不管作何解释，究竟背后的原因是什么呢？

显然，谈判者并非迫不及待地对合同进行磋商，或者更有可能是不愿意表现得很急迫。当开始合同最后一轮谈判时，公开表示自己很焦急，这绝对不是明智的做法，因为这会给对手以可乘之机。

保罗必须借用这第一天的时间稳住同事们的阵脚。同事们满腹怨气，因为拜某神秘人物所赐，同事们不得不又一次远离家人，在一个阴暗的酒店内度过这个礼拜日，因而他们此时满腹怨气。他们还记得，两周前部长先生确凿地告诉他们，希望在自己度假之前，也就是这个月底，把合同敲定。保罗和同事们在上一周内重新改写了合同条款，以便把最新的版本放到谈判桌上。20 页的内容，他们一个字一个字地检查了一遍又一遍。合同的编辑和印刷工作都是在欧洲完成的，以确保按时完成工作以及文件的安全性。毕竟，不同的国家对“机密”的理解不尽相同。此外，部里存在的纠纷反映了各种政治流派，因此，不能铤而走险让下级雇员破坏这么重要的任务。将这么多页的文件复印给每位谈判者，意味着需要能承受高负荷的机器、有条不紊的作业，并且还要有可靠人员来操作。除了本部门之外，保罗不敢保证其他地方具备上述条件。

几个小时后，确定了第二天上午10:00的一场会议。保罗随后决定给对方主管写一封正式信函，阐明他的团队按照部长的安排，来到这个城市继续讨论合同相关事宜，任何拖延带来的后果将与其所在公司无关，责任应由当地方面单独承担。

周日傍晚，西方团队决定，不把当前的情况告知总部，避免老板一气之下出手干涉。目前还没有这个必要。他们现在只需等待第二天的到来。他们离开了这个数年前曾完美象征着美国文明、财富以及生活方式的酒店，在一家极具传统风情(录制唱片声嘶力竭地打造现场气氛，但却不许表演肚皮舞)的餐厅，吃了一顿民族风味快餐——烤鱼和米饭。

星期一

保罗一行人准时参加上午十点的会议。从一楼到五楼，整座建筑内，包括电梯在内，都弥漫着很浓的烤肉味。保罗的谈判对手显然对于代表团的到来颇感忧虑:因为他还没有读过此前送来的新版合同。他假装不知道部长要在本月底——也就是这个周末敲定合同的决定。在走廊里，这位本地“律师”正在回办公室的路上，油乎乎的手指间握着一条切好的肉。他开始只要求等几分钟，让他在开会前洗洗手。但最后，他不得不抱歉地说，由于他的老板决定明天开会更为适宜，而他只能接受安排。

又一天就这样浪费了。又一天在期望中度过，人们恨不得谈判马上开始。但又一次希望落空了。什么也没有发生，上午的活动没有取得任何积极的成果。又一次，团队成员垂头丧气;这也难怪，在他们接受教育的文化中，尊重他人意义重大，时间就是金钱。下午三点，在酒店房间里，保罗正耐心地读书，现在看来他随身带本书的做法还是很明智的。这时，他接到了从远在6 000公里外的总部打来的电话。他的老板原本期待听到好消息，但事实让他失望。不过，他还向保罗传了一个信儿:“有人会在晚上八点到酒店接你。做好准备。”

晚上八点整，保罗房间响起了轻轻的敲门声。留着黑胡子的年轻男士明确地告诉保罗，酒店后门有人在等他，希望他立刻就去:“有人想与您谈话。去吧。”

虽然未提及姓名，保罗已经知道这个如此低调的人是谁了。当司机把他带到黑夜中停得很隐蔽的豪华奔驰车上时，保罗一眼就认出了这是Sheikh B——该国的杰出人物，一位极具影响力的领袖。汽车飞快地驶出了停车场，汇入嘈杂的车流中。半个小时内，他们可以自由地谈话，周围有暗色车窗保护。这些传递给保罗的信息很明确："不用担心，一切安好；我们之间，以及我们所代表的利益关系之间不存在问题。但是我们之间要在最高级别上达成协议尚需要一些时间。这之后，磋商就会变得很容易了。"汽车回到酒店时，显然这次会议就结束了，Sheikh B 传达他最后一条信息："你必须知道，无论到哪里，你的电话已经被监听了。忘了所有有关会议的事情；你也没有见过我；绝不能给我打电话；出现紧急情况时，派个司机送个信儿，我就会与你联系。"

保罗此时独自站在电梯里，自娱自乐地想，换作是詹姆士·邦德一定会非常喜欢这种超现实的对话的。

星期二

原计划上午九点的会议突然推迟到了十点，而没有任何解释。然后，当地的经理面对保罗和他的团队，很不耐烦地开始研究合同内容。在一盘盘干杏仁和糖浆蛋糕之间，经过三个小时的艰难磋商，最终讨论并商定了 15 页(合同一共有 120 页)。第一次会议之后，当天下午，又与技术人员进行了另一次会议。工程师们比前一天更愿意合作：他们甚至提出不同的建议，使一些细枝末节上的表达在政治上更为合理。除了两三点以外，似乎不再存在任何重大的问题了。

最后，这一天很有收获。双方都采取了积极的态度，似乎迫切地想要在周四傍晚前——穆斯林周末之前，也是部长出发之前签署协议。下一次会议定在第二天上午九点整。

傍晚，三个欧洲谈判者来到酒店的咖啡厅，确定最终的立场，并按照最新的讨论结果准备文件。他们像往常一样，对周围的人保持高度警惕，确保没人能够听到他们的低语：一切都要保密。他们敢肯定，有些竞争对手一定乐于捕捉他们的谈判内容。出乎意料的是，半个小时后，服务员礼貌地请他们让位，因为他们的桌子位于给“家庭”预留的区域内；只有女士和同伴能够才能进入！年轻女士们看到不懂本地规矩的西方人，都感到非常好笑！这个城市中，没有人可以忽视她们的存在了。

星期三

像往常一样，会议推迟了一个小时。但是今天，当地的团队开门见山，从正在讨论的主要问题开始。当谈判悬而未决之时，他们建议将这个问题放在一边，开始谈论其他问题。保罗决定他需要强硬一些：“这一点很关键，只有确定了这一点，才能讨论其他。”

“我们最好不要在这上面浪费时间。还是继续下一个吧，”当地团队回应道。

“不可能，”保罗回答，“如果这是你们的最终立场，我要求直接与你们的总监私下交涉。不行的话，我就准备马上离开这个谈判桌。”

在场所有人都大吃一惊；稍作犹豫后，当地团队中有一个人离开了会议室。十分钟后，他恭敬地请保罗到他老板的办公室。两个经理单独见面时，他们热情地互相问好，表达了他们对两个团队一定能圆满结束谈判的信心。当地的经理向他们做出了退让。保罗早就知道这对他们公司来说是可以接受的，但为了争取时间，他答应对方在当天晚上前再次会面时再作答复。

保罗回到全体会议中，未表露任何感情。双方开始重新讨论这个文件，从第一页开始，逐字、逐页地进行讨论。到了午饭时间，突然端上了茶盘和一如既往的饼干。保罗借此机会将情况汇报给了他在欧洲的老板。

当天上午，在与最高经理人的第二次面谈中，保罗正式接受了对方提出的妥协。随后整个团队召开了秘密会议；显然，这次会议成果显著，大家本着更为开放的态度重新开始了讨论。一种从未有过的新精神脱颖而出。下一次会议约定为第二天下午1:00，当地的谈判者们从上午开始便要与“另外一家公司”开会，因此没有时间。那么，他们究竟如何结束这场讨论，并在一天结束时达成协议呢？这绝对不可能。

星期四

这有可能成为谈判的最后一天吗？会议下午1点才开始，显然很难准时达成最终协议。谈判起起伏伏，让双方看起来都心力交瘁，都希望让谈判向前发展——当然，双方也都还顾及自己的利益。这次会议虽然取得了丰硕的成果，但进度却极慢。一些特定的内容非常敏感，于是，在合同边际处标注“OK”之前，仍需要半个小时。但幸好一些页面的内容只用了十几分钟就最终确定了下来。这一天结束的时候，只浏览并通过了合同一半的内容。接下来怎么办呢？令人出乎意料的是，当地人竟然建议在第二天一早继续讨论。正如保罗所说：“明天就是星期五了，难道你们不用去教堂祈祷吗？”

“用，当然用，不过有时会有一些特别的原因，这些上帝都理解，允许我们推迟祈祷的时间，”对方代表团的团长如此回答。

回到酒店，保罗和他的同事们很高兴，因为他们的讨论被对方看成是属于“特别原因”；他们越来越相信，最终的定论一定不远了。也许，高层政治领导——那个从来不在讨论中露面的人作了一些指示？除了那次车内进行的简短的保密会议之外，那个人一直隐藏在幕后。

星期五

上午9:00，同一拨人坐在谈判桌的两旁，穿着休闲的周末服装；又一次，他们对每一页进行讨论；又一次，新的难点出现；又一次，保罗不得不请出对方团队的经理（他在谈判中一直待在办公室内），私下里请他介入他下属的工作。他的下属们在合同的谈判过程中，感觉逐渐失去权力和立场，因而十分焦虑。在这个阶段，所有人都对成功完成谈判信心百倍。但保罗仍然保持谨慎：事态的发展总有可能出乎意料。

星期六

安排仍与前一天相同,会议仅有两次短暂的中断,允许谈判者在走廊处吸烟或与同事闲谈。全天,一盘盘烤花生和粉色饼干、金色茶壶展示在旁边的一个桌子上。当然,谈判桌两边的各方都表明了新的条件,也说明了对于哪些要求不会做出让步。在结束之前,各方突然觉得对方正在从蛋糕中攫取更大的部分,而传统上,这种态度一般在长期谈判的最后一天才会出现。

保罗所担心的事情发生了,大约中午时分正当大家准备签署最后的文件时,突然,对于一点内容,当地的代表团不愿接受,而保罗坚持说对方团队的经理在他们的私人会议中已经接受:"你们两天前就已经同意这点了。我们为什么还要再次讨论这一点呢?"

显然,这个在经理办公室内达成的协议,当地的团队并不知晓。他们当然不想为此承担任何责任。不幸的是,唯一一个了解情况的人前一天晚上出国去了欧洲——数千里之外执行任务。保罗坚持让他们用手机与此人联系。机缘巧合,此人正在酒店,电话接通。保罗想象得到,这位经理来到俯瞰整座城市的银色玻璃大厦内,舒适地坐在豪华房间内,与一天又一天地禁锢在这间阴暗会议室的下属们谈话。许多重要事项的定夺都取决于他的答案,众人的目光因此都集中在那台小小的黑色电话上。最后,他明确地肯定了这件事,并允许所有参与者签署协议。最后,整个合同文本得到通过。双方隔着谈判桌相互握手,全场洋溢着欢笑。

这个文件当然不能代表最终的正式合同,但每一页都通过正式的签名以表通过。保罗和同事们知道,所有文件要想完全通过并由双方首席执行官签字还要再等上一个月。届时,双方为了表示庆祝,将举办新闻发布会和派对活动。

但到那时,保罗可能已经飞往另外一个目的地,开始新的探索。

分析评论

推迟预定会议，甚至忽略西方的谈判者，显然代表了检验谈判者品质、检验其保持冷静与耐心的初始方法。但是，这还检验了他们适应本地人生活节奏的能力。让曾经为了尽量节省时间而对时间进行管理的西方经理们感到疲倦，是中东方面运用的一种时间战略，让对手乱了阵脚，迫使他们接受新的要求。

这种措施不仅包含了心理上的效果，还为本地谈判者们争取了更多时间，以完成其有关合同的定位。在此处描述的案例中，由于不同的职责级别并未达成一致，因此他们的自身定位没有清晰地确定，仍然悬而未决。但西方的经理知道对方想要尽快结束谈判的强烈愿望，通过亲自致信部长本人（至此一直隐藏在幕后），掌握了全局。不仅拖延的责任转移到了当地方面，而且员工本身也有了直接责任——也就是对最高经理人的责任。这件事关乎他们的个人荣誉——这是东方人最敏感的观念之一。这样一来便轮到当地人乱了阵脚。

车内的秘密会议反映了政治与技术层面的冲突。如果此次会面的目的是要向西方经理重申尽快结束谈判的官方意图，那么也可能是一种软化其商业锋芒的手段。无论目的为何，车上的人总是一如既往地保持“幕后工作”状态，从不会公开他的影响力，让人知道他的存在，哪怕是官方的签字仪式也不例外。他不想公开地支持此项合同。他决定避免参与到专门解决政治层面问题的内部讨论之中。

他绝对相信，这个交易对其国家经济有利。但是只要涉及政治层面，批评家们早晚都会问一个具体问题：西方专家在国内出现，是否会被某天可能掌权的更具民族主义的其他决策者认可呢？如果出现这种问题，他个人可能受到批评，他的个人安全可能受到威胁。谁也不会知道明天将会发生什么！

编者点评

在表面看似为合作性谈判中，我们遇见了竞争性谈判的所有组成：时间压力的运用、寻求战略性僵局、威胁，以及考验对手，尤其是考验对手能承受的压力。常见的方法包括骚扰、破坏稳定以及“下饵”等个体战术。秘密信息则通过电话谈话录音收集。

案例中还涉及了文化的议题，尤其关注了保全面子和有关时间和守时的不同观念。

最后一点，真正的决策者为了避免情况变化（如政府势力的变化）而不愿意暴露自己作为决策者的身份。

17

愚蠢的卖蛋人

李湘凌(Li Xiangling)

有一个聪明的小伙子住在一个小村子里。一天上午,他正徘徊在通往邻村的路上,这时见到一位老人带着一篮子鸡蛋,赶往附近的城镇集市。他走上前去问这个老人鸡蛋怎么卖。

还没到镇上的集市便有人来问价,老人感到非常高兴。他把妻子预先定好的价格告诉了小伙子。在几番激烈的讨价还价之后,老人愿意以略低的价格把所有的鸡蛋卖给小伙子;之所以愿意降价,是因为他认为这样可以省得他在集市上待一整天。

于是,他们坐在树阴下开始数鸡蛋。小伙子把鸡蛋堆成金字塔状。老人忙于数鸡蛋,没有注意到这种摆放,努力防止鸡蛋倒下来。他们数完后,老人发现,自己已经无法把两手从鸡蛋金字塔上拿下来了。

更糟糕的是,年轻人有礼貌地告诉老人自己带的钱不够,让老人等几分钟,自己回家去取钱。

老人没有意识到自己即将面临的严峻态势,竟然点头同意了。年轻人离开后没有回来。中午时分,树阴移走了。老人在炽热的阳光下,浑身大汗淋漓;他把手拿开后,鸡蛋金字塔便倒塌了。这对老人来说,简直就是一场灾难。

最后，年轻人终于回来了。而这次，他打扮成中年人的样子，缓慢地走向这个老人。他说了几句表示同情的话，并为所有鸡蛋开了个更低的价格，包括那些未被不幸摔坏的鸡蛋。老人别无选择，只能同意。

注意：聪明的年轻人为自己买下了摔坏的鸡蛋；他准备以第一次给老人开出的价格把这些鸡蛋卖给他人。

编者评论

此处的案例展现了权力情况的构建。买家首先在谈判的结构层面做文章（鸡蛋的数量和定位），然后他努力降低卖家的安全点，使用了时间因素，并利用当天一天内的天气变化。

显然，卖家缺乏作为谈判者的关键特质：先发制人的能力。

这个故事中可能还涉及一个文化特点：行为中处处体现了计谋的运用，这是对谈判的典型中国式理解。最后，这不只是胜败的问题，而是囚徒困境博弈的第二个结果，也就是辩解的困境。

最后，这个案例还具有教育意义，为可能遇到同样情景的卖家提出一些忠告。

18

骆驼背上

埃万捷洛斯·巴巴佐普洛斯(Evangelos Papadopoulos)

几年前,我造访了埃及。正当我穿行于金字塔之间时,一个略懂希腊语的阿拉伯人向我打招呼,并主动提出让我骑到骆驼背上,甚至还提出用我的相机为我拍张照片。

我不喜欢这个主意,由于以前和其他埃及人打交道的不愉快经历,我并不想和这个人纠缠,于是便婉言回绝了。他一次又一次地向我提出相同的请求,并补充说,这完全免费;他说自己是因为喜欢希腊人才要免费为我服务。我一次又一次地拒绝他,并离开了这个地方。

不过他仍然跟着我,不停地要我骑他的骆驼,一再重申骑骆驼完全免费,在他的一再请求下,我觉得自己不得不接受,我告诉他:“好吧,既然你如此坚持,要保证这是免费的。”他帮我爬到了骆驼背上,给了我一顶阿拉伯式的帽子,并为我拍了几张照片。

随后,我请他让骆驼降低些。他竟然向我索要两个埃及磅。“可你答应不收费的!”我回答,他毫无愧疚感地答道:“这话你也相信？太傻了吧!”

就这样,他变得只能理解对他有益的事情;假装不懂英语,也不懂希腊文,或者其他语言。既然他很难找到其他顾客,所以有的是时间。从某种意义上讲,我成了他的人质。

我对他真是生气到了极点，一分钱都不想给他。但他威胁说，这样的话他将向我收更多钱，因为我占用了他的时间。他向我口吐脏字（挥舞着我的摄像机），我迅速反击，更激化了矛盾。

如果你是我的话，你会怎么做呢？

编者点评

这是典型的斗鸡博弈。只能存在一输一赢或两者皆输的情形。本例表现了典型的设置陷阱的情形。希腊游客被骗，如今由于对“合同”的履行无计可施，即使他同意了埃及人的要求，埃及人也可能在先收取两磅费用后提出更多要求。

显然，这位游客没有安全上的保障，除非他自己会骑骆驼。此前免费，而现在却不是，可以说他陷入了交易冲突的过程，现在已经进行到了第二阶段，但目前为止仅限于言辞。即便希腊人给钱，我们可以设想，他可能会采取一些报复措施，进而达到冲突的第三阶段，这时可能不只限于口头上，有可能还会导致警察的介入。也许第三阶段对他来说更为有利，因为届时他将摆脱当下这种力量不均衡的状态。

另外颇为有趣的一点是，这位希腊游客从未使用任何关系筹码，而无论是情感上还是从属感的因素，对于中东地区的人都很奏效。

第五篇

欺骗、诡计和谋略

19

牙　婆

冯梦龙,Ankhy Ia 陈述

这个故事发生在12世纪初。蒋德离开妻子三巧到远方去做生意。刚到那里便生了病,迫不得已在异乡停留了很长时间。与此同时,有个叫陈商的男人看上了孤身一人的三巧。但三巧对丈夫忠贞不渝,陈商知道,没有他人的帮助,是无法让三巧倾心于自己的。

在当时,男女之事一般会请媒人去安排。在当时的中国,一个女子单独与男子谈话,或请男子进入自己的闺房,是不被接受的。但女生意人却可以到有钱人家去谈生意。这个女人的年龄越大,可信度就越高。于是陈商便请了一个牙婆,为他打点。

这个牙婆借与陈商大声讨价还价来吸引三巧的注意,借此制造陈商是富裕慷慨之人的印象,事实上,牙婆是主要利用了她心目中女性的一个弱点,那就是对金钱、珠宝和名贵服饰的强烈喜爱。

随后牙婆便谈起陈商的优点,称他极为英俊。她还说三巧识货,必定是个“大家闺秀”,以此来奉承三巧,并补充说,陈商对此并不在行。她希望三巧能因此而注意到陈商。离开时,她把一些货物留在了三巧家,一是制造再次拜访的机会,二是表现出她对三巧的信任。

她六天之后才再次登门,因为她懂得欲从他人之处获得什么一定不能操之过急的道理，她随后告诉三巧省内之人纳妾之事，她对这些事了如指掌，而她的一个女儿便是嫁给了偏远地区的有钱人做偏房。她的坦诚相告制造了一种信任的氛围，事实上，牙婆可能一个孩子也没有，但是，将此事与自己直接联系起来，便加强了她所言之事的影响力度。

三巧选了几件珠宝，可由于丈夫出门，她无法付钱，牙婆答应她可以赊账，这显然是信任的表现。此外，三巧如今欠了她的钱，有需求的一方不再是牙婆，而是三巧。如今，她可以随意进出三巧的家，她称赞三巧家清静，还受到了三巧一起吃晚饭的邀请，这意味着牙婆也要回请。

牙婆逐渐地让三巧认为自己的丈夫可能有了外遇，开始时，三巧对丈夫完全信任，未起丝毫疑心，坚决不信存在这样一种可能性。牙婆也不急，三巧的坚决表现了她的意识并未做好接受说服的准备，这件事比较棘手，牙婆必须谨慎行事。牙婆拜访三巧的频率逐渐增加，而且三巧也愿意与她为伴，慢慢地，三巧开始感觉自己被丈夫抛弃了。一段时间后，三巧已经离不开牙婆了，情势变得与最初完全相反。

牙婆说，夏天快到了，她最受不了这种炎热天气，于是三巧极尽地主之谊，牙婆立刻搬进了三巧家，取得了内部控制权，她又通过贿赂打点两位下人巩固了自己的权力。

在她们二人的对话中，牙婆开始给三巧讲述爱情故事，并融入一些细节，给这个少妇灌输一些思想，三巧虽然仍面带羞色，但可以看出她很感兴趣，牙婆认为三巧已经开始有点幻想了。她不断告诉三巧，生意人没有一个是忠于自己妻子的，三巧不再反驳这种言论，而是叹气，这表明她已经让自己屈从于这个观点，此外，牙婆给她喝酒，并告诉她，这是平心静气的良方，当她意识到时机已到时，便熄了灯火，离开房间。

她回来时，带回了陈商。三巧起初虽试图反抗，但最后还是放弃了，牙婆为了使三巧摆脱负罪感，不断地重复所有商人都会背叛自己的妻子这一观点，最终，她还将其归结为命运的安排，说众人都是按天意行事罢了。

本故事是 La tunique de perles(北京出版社，1993)中长达 50 页的文章的概要。故事原本发生在 15 世纪。

编者点评

这是一场由第三方布署交易条件的欺骗博弈。牙婆通过重新界定当前情景并诱发一种绝望的情绪，创造了一种需求，在这种需求与满足需求的资源——陈商之间起到了沟通桥梁的作用。

这个媒人通过构筑摊牌的情境，等待时机的成熟：她给三巧讲爱情故事，提供酒，关灯，离开。当三巧屈从了陈商的要求时，协议就算达成了。

最后，中间协调人还启用了替罪羊机制，将命运说成是真正的主宰者，帮三巧摆脱罪恶感。

20

中国外甥

匿　名

1985年，宾(Bing)的几个家人一致决定把宾的外甥提诺(Tino)(那时18岁)送到加拿大与宾一起生活。提诺是家中最大的孙辈，几年来一直在香港，缺少父母或监护人的适当监管，提诺的妈妈艾琳(Irene)和提诺的爸爸在提诺还小的时候就离了婚，艾琳最近移民瑞士，与她的英国男友吉姆(Jim)在一起。但是艾琳意识到提诺整天在香港闲混可能多少会出现状况，于是决定让提诺换个地方，她想让提诺生活在一个更为稳定的环境中，继续他的学业。而宾目前还是单身，在多伦多当医生，与提诺的关系还不错，是当时提诺监护人的理想人选。

为了帮提诺构筑一个稳定的家庭式的环境，宾、艾琳和吉姆三人决定买一处房子，让宾和提诺住在一起，吉姆支付了房子的首付，宾负责支付月供，并对该房屋享有所有权，宾除了为提诺提供食宿，还要定期为他支付大学学费。所有有关房子的利益关系安排都基于口头承诺。

提诺和宾相处得很好，他们建立了紧密的关系，宾就像提诺的父亲和朋友一样。然而，尽管宾一再劝说并提供经济支持，但提诺还是对学习不感兴趣，他中途辍学，想在一家公司里赚些钱，还想参加摇滚乐队。1988年，宾得到一个在哈佛医学院任职的机会，搬到了波士顿，提诺仍住在多伦多这处房子里，而宾仍在支付房贷，宾向吉姆支付了原来首付款中的一部分，因此增加了对此处房产的所有权。

几年后，宾表示了出售他在加拿大房产权的意愿，如此便可以在波士顿买房，但艾琳让她的家人们都相信，提诺需要一个家，并要求不要卖掉房产。宾的父亲同意了，但宾的父亲暗中为宾在波士顿的房产支付了首付，宾将这件事告诉了艾琳和提诺。宾在波士顿买房之后 6 个月，提诺突然表示愿意把多伦多的房子卖掉，宾在波士顿事务繁忙，他签署了代理书，由提诺代表他售房，宾指示他在加拿大的律师监督所有文件的交换，该房于 1991 年 6 月出售，当时宾正在欧洲出差，到都柏林时，提诺向宾传真一份文件，让宾签署同意将房产权转移至提诺名下。提诺告诉宾的律师，建议采取这种流程是为了避免加拿大税务（Revenve Canana）强制向非本国人收取的资产收益税。宾听了提诺的话，签了名，并让一位都柏林的律师做证明。当时，我不知道交易的细节，也不怎么了解宾在这件事上的财务状况，因此也没质疑过他对该交易的判断。

售房的净收入为 9 万美元。宾可以取得 6 万美元，吉姆和艾琳允许提诺执管他们的份额，并另外汇去 1 万美元，以便他有足够的钱来支付自己房子的首付款，宾从欧洲回来后，他发现自己的律师将全部收入交给了提诺。给提诺打电话，多次都未接通，终于接通时，提诺答应很快会归还钱款，只不过有些“细节”需要处理，宾并未追问究竟有哪些“细节”需要解决，但宾认为有了提诺的肯定答复便已经足够，于是开始花重金对波士顿的房产进行装修。几周过去了，他仍未收到提诺的回信。宾一再电话联系提诺，但都没有回音，而且去公司找他也总不见人影，也从不回电话，9 月份宾发现提诺的电话号码取消了，而新号码仍“未公开”。而且，提诺离开了现在的岗位，不知去向，宾怎么也联系不上他，给提诺的妈妈艾琳打电话，几周下来也是无人接听，有一天终于打通了，艾琳却拒绝透露提诺的新地址和新电话号码。宾与艾琳互通信息，言辞不怎么友好，艾琳站在儿子一方，她和提诺两人需要钱去买属于他的房子，她认为宾太贪婪了，尤其是他们的父亲还为宾在波士顿的房产支付了一笔数目可观的首付款。她信的大概意思是，宾忘记了中国人最宝贵的家庭价值观——分享和奉献。

一直到2月份，宾都陷于对局势的绝望与无奈之中，他又不承认提诺实际上破坏了法律的诚信，盗走了这笔钱，相反他选择相信提诺是因为计划有误才导致了现在的行为，他本想归还宾的份额，但这样或那样的原因阻止了他这样做。宾坚持认为这只不过是延迟一下而已，但他的情感状态暴露了他内心深处对提诺归还能力（或意愿）的不安全感。拒绝将提诺的行为定性为盗窃，不是幼稚或否认的标志，而是要在这场冲突中引入一个保存颜面的机制。不久我便发现，不止宾一个人拒绝将提诺称为小偷。当多数家庭成员听说这些事的时候，显然没人愿意在信中或电话里使用贬低的词语形容提诺的行为或动机。宾的姐妹们在信里都对艾琳的态度和未能教育好提诺表示了极大的失望。没人提出或承认提诺偷了这笔钱，他的行为被置于整个家庭的大背景下加以审视。比起这件事对宾个人资产的具体影响，人们更为气愤的是这件事对家庭的团结和睦的影响。宾的父母来到波士顿时就说起他们对艾琳的养育方式不当。20世纪50年代，马来西亚掀起反共浪潮的时候，艾琳和一个大女儿年纪还小，就被他们送到了香港，二老对此悔不当初，将不负责任的行为归咎于不良的儿童发展，这种倾向又推及提诺。提诺从来不被看作是可以为自己行为负责的成年人。宾的父亲会讲一口流利的英语，不断使用“naughty”（淘气）一词来形容提诺，对他来说，提诺只不过是一个还未学会如何尊敬长辈和家人的孩子。另外，这家人也带着一种羞愧感来审视这个问题。将更多的邪恶品质归咎于提诺，只会将这些品质都投射到整个家庭。最终，他的罪恶感就是全家的罪恶感。

对于整件事的发展及其收到的反应，我作为一个爱尔兰旁观者，持一种怀疑态度，首先，他们没有对提诺的性格和事实本身做出及时反应，其中表现出来的隐忍令我吃惊。我一直在想，换做是爱尔兰人，要是一个九口之家，没有一个人在提诺酿成大错之前把提诺臭骂一顿，便有些不正常了，也许从爱尔兰人的角度，更令人不可思议的是，家庭成员在面对问题时表现得如此意见统一和团结一致，这种一致性在爱尔兰家庭中极为罕见，因为，爱尔兰家庭成员最不缺少的就是各抒己见，比如说，在爱尔兰的大背景下，子女中可能会有一个人因生活中略有不顺而同意艾琳的观点，即父亲没有公平地给每个孩子用于买房的钱，另外，爱尔兰家庭还可能有人提出一些分配的问题供大家考虑。

这家人除了要为他们自己保全颜面，还要努力挽救提诺的名声。就好像只要他们不把提诺称为小偷，就能绕开这个事实，西方人将其称为“denial”(拒绝承认)，但是对于中国人来说，用苛刻的语言黑白分明地界定这种局势，将会妨碍解决方案的产生。与西方基督教(Judeo-Christian)立场不同，中国人并不十分重视其立场的“正义性”。中国人总会告诉你，他们对于人性的弱点采取更为现实的态度，尤其是对于他们所爱的人，他们认为，毕竟人们彼此相邻，都要学着互相忍让，许多中国大陆的人和海外的华人也是一样(个人隐私的定义与我们极为不同)。居住拥挤，由此而来的困难使得中国人重视从时间和空间的角度审视人际关系的行为，保全颜面，就是一种将时间、空间的元素植入一种制造即时(几乎外化于形)紧张气氛的情况中，保全颜面就是为逃离自己不光彩的事实创造了一个堂而皇之的借口，它还为人们留出了尊重自己的心理空间和时间。在这种情况下，这家人希望，通过给提诺“怀疑”的益处，最终能给他创造一种局面，摆脱窃取的罪名，此外，保全颜面的机制也为提诺做出选择或寻找解决方案预留了时间，以便恢复家庭关系的平衡与稳定。

但是在我看来，这家人采取的颜面保全策略给的空间过多，但时间不足，我总觉得艾琳的敌意预示了她和提诺不会遵照中国人的礼节规则行事，从逻辑上讲，提诺与宾相距甚远，这免除了他与宾会面时可能会产生的不舒适感，他的逃避以及艾琳取之无愧的态度说明了他们准备“下定决心打持久战”。根据法律，“所有权的分量在法律中占 9/10”，我觉得他们掌握了关键的优势，由于目前没有什么进展，我认为关键在于宾坚持他对提诺财产的合法所有权。我有几年当律师助手的经验，因此知道任何针对提诺的民事诉讼都要受到“限制性条款”的制约，根据该条款，必须在侵权行为发生后两年内提起诉讼，现在已经过了 9 个月。

即使提诺有意将来把钱还给宾，我们谁也不会相信这会完全出于自愿而无半点强制。提诺是个多疑、傲慢的人，也是个机会主义者，和多数其他散漫的香港青年一样，他的目标就是不顾一切地尽快致富。显然，按照道德和长幼有序的规则行事，并不在他的算盘之内，于是导致他对家人的宽容毫无感激之情。宾总是期望有一天提诺能来到波士顿伸出橄榄枝，但提诺对此却置若罔闻。基于这种漠视的态度，我认为无论采取什么措施，首先都要激起提诺对他人的尊重，而他在自己的领域地盘上是不会屈服的。恶言相向只会给他提供战胜权威的机会，而饱含爱意的谈话只会被他利用，我们只能让他在毫无准备的情况下，迎接困难的挑战，一个可以缩减其信心的艰难之旅，另外，还要让他懂得，他的行为和无法弥补的过失都将在家庭范围之外去衡量，我要通过法律系统带他走过一段旅程。

最初，宾拒绝考虑，他对诉讼这件事完全陌生，特别是对一位家人提起诉讼，这不仅是家族的耻辱，还意味着承认这个家庭没能力用和平的方式来解决问题，此外，中国人没有依靠法庭解决纠纷的传统。中国人骨子里对法律和律师都有一种不信任感，他们常常借历史来解释这一现象，1842 年鸦片战争后，英国人通过条约将中国分成几块，由欧洲列强瓜分作为租界，这是中国历史上的一大耻辱，这些条约的效力来自于一个对外国人实行优惠政策的法律制度，允许外商在沿海“协约港口”经商。因此，中国人过去往往把法律的制定者看成是不值得社会尊重的骗子。这种对于法律机制的抗拒还表现在家庭成员对法律概念的讨论之中。例如，宾和他父母用中文讨论有关提诺的整件事情，每当他们谈到可采取的法律途径时，就会转而用英语交谈，除了由于一些法律词汇在中文中没有直接对应的翻译或类似概念之外，这种语言上的转换，也可能是努力转换文化思维的一部分，思考法律解决方法，也就等于像个西方人一样思考。

对于中国人来说，“关系”就是法律。家庭乃至社会中建立的等级制度促使关系和习俗系统发挥效力，这种系统是所有社会成员的准绳。对违反规则的惩罚也是由家族中的长者或直接相关的群体制定。宾希望用中国传统方式来解决与提诺的问题。

这种厌恶用法律系统解决纠纷的态度在爱尔兰文化中也很常见——只

不过原因不同，换做爱尔兰人处在宾的位置，他考虑的主要问题不是不好意思，而是“受制于一个小伙子”的耻辱。由于存在着年龄差异，多数爱尔兰男性都会将提诺的这种行为理解为一种威胁，一种对于他们年长地位和男子气概的威胁，对于许多人来说，问题的解决办法在于解决一个男子气概被藐视的问题，因此，将提诺告上法庭不见得是一个男人解决问题的方法，直接的面对面的交谈，同时，加之对身体伤害的威胁，也许是许多爱尔兰男性在这种情形下更倾向于采取的方式。

正在讨论解决方法时，宾接到弟弟英的电话，英打电话是想证实有关提诺及其经济状况的一些事实。提诺从英那里借了 1 万美元，用他的话说，可以给宾解围，但英突然发现自己也被骗了，因为提诺从来没有把那些钱给宾，另外，提诺为了让自己拿这笔钱显得更为正当，还在马来西亚的亲戚面前诋毁宾的人格，更糟的是，这些话传到了宾的父母耳朵里，给他们造成了不必要的焦虑。提诺的手段被揭穿，在家庭成员中引发了不小的震动，诋毁一位家庭成员的名声，比起携 6 万美元潜逃罪孽更为深重，就好像物质的事情都好商量，但品格和荣誉神圣不可侵犯。

我相信，爱尔兰人对此事的反应定会相反，谩骂或说谎的重要性可不那么大，在爱尔兰文化中，人情比较淡薄，人们经常在某些事上对外保密，因此，也许与中国人相比，出事后情感上和心理上的跨度较小。但背叛的行径，尤其是对家人或祖国的背叛，被认为是最低级的人类行为，许多爱尔兰人认为对背叛家人最合适的惩罚是社会流放，而背叛国家的惩罚便是死刑，背叛是不可饶恕的。

现在，提诺在人们心里不再是一个误入歧途的孩子，而是一个阴谋家，要有人教训他一下才行，而走诉讼的渠道更像是个好办法，宾的八个兄弟姐妹，一个接一个地表达了他们对采取诉讼的感想，在考虑这个办法时，几乎所有人都回忆起往日与艾琳和提诺所经历的不愉快的事，大家发现，他们母子二人很长一段时间里都在向各个亲戚借钱，而且从来不还，而英觉得，诉讼将让提诺知道，他辱没家族的日子结束了。

但是正如所有典型的中国式集体决策一样，这个委员会要将其最终决定呈交给名义上的领导——宾的父亲，由他做最后的裁决，宾的父亲看了艾琳最近给宾写的几封信，信上称宾拿了父亲给其波士顿房产的首付，这是有别于其他兄弟姐妹的特殊待遇，对此宾的父亲不敢苟同。他在过去的几年中，给了他的孩子们相同数量的钱，用于支付房子的首付，艾琳早在几年前就拿了这笔钱买下了她在香港的公寓。父亲对艾琳扭曲事实深感气愤。虽然看到逐渐明晰的分析和建议略感痛心，还是同意了大家的意见，即使最终决定开始起诉，宾和他的家人们也从未对提诺和艾琳使用一句贬斥的话或将提诺的行为定性为非法。

对于爱尔兰人和中国人决策的方法，我又一次感到了震惊，刚才已经谈到爱尔兰人在这种情况下不大可能会取得一致意见或家庭团结，但除此之外，父母所起的作用也与中国家庭大相径庭，尽管爱尔兰家庭中的父亲无疑会积极参与家庭纠纷的决策制定，但母亲的作用要比宾的母亲的作用重要许多。在爱尔兰家庭中，很少有哪个母亲不参与明确问题或定性艾琳和提诺的道德品质，爱尔兰母亲一定会与艾琳面谈，要求她解决问题，避免矛盾激化。虽然，对起诉的羞耻感不会像宾一家这么根深蒂固，但爱尔兰家庭的母亲也很在乎“邻居们会怎么看”。为此，她会希望为了家庭名声而找到问题的解决方法，在起诉和暴力威胁这种两难的选择中，我想许多爱尔兰母亲肯定会将起诉排除，因为这是两个选项中较为公开的一个，这并不是说爱尔兰女性赞成使用暴力，而是说，母亲或女性家庭成员会先尽较大努力去调和冲突，而不是马上就站到一边，让男人采取更为极端的措施。

当我们讨论起诉的可能性时，我找了三个好朋友，他们都从事诉讼律师行业，其中一位不久前刚从法学院毕业，因此，他的地位允许他以较低的费用为我们打官司，这点很重要，原因显而易见。而从战术上讲，我希望给提诺和他未来的律师一个下马威，让他知道我们有资金实力，借法庭通知书和法律文件一直同他们诉讼到底，而我们知道提诺可能无力支付这笔昂贵的冒险费用便更增加了我们的优势。

首先，必要时我们可以在法庭上胜诉，我们的最佳协议替代办法就是将此事告上法庭，这对我们来说开支太大，而且无论你对案子有多大把握，都有可能败诉，但我有这种感觉，提诺单单因为费用的问题便会尽早着手解决。我们的第二大优势源自费用问题，我们期望提诺聘请一位普通的诉讼律师，考虑到案子本身和涉及金额之少，肯定不会展开激烈的法律之争。第三，私人执业律师在处理家庭纠纷方面经验更为丰富，更倾向于建议提诺迅速解决这个冲突，当然，之所以选择这个方案，其主要原因是保护宾对其财产的所有权，宾担心提诺已经深陷债务危机，但这更强化了我的论断的有效性，一旦我们确定了提诺的经济地位，并对他的财产取得留置权，我们便可以更为轻松地商议还款问题了，我还认为任何清偿行为都应在法律监督下进行。鉴于这个家庭以往与艾琳和提诺经历的一些事，如果仅凭握手就将这一笔钱款的偿还了结，那就太愚蠢了。

现在任何法律行为仍未开始，宾和他的父亲正在设计开展诉讼的条件，他们希望解决这件纠纷，却不愿在法庭上侮辱提诺，也不愿因偿还计划让提诺倾家荡产。实施严厉的报复行为，与中国人的平衡和中庸价值观相违背，家庭的荣誉比物归原主更为重要，带着这些条件，我便可以说服宾的父亲，我们可以分步实施法律流程；从一步向另一步的升级，取决于提诺的反应以及他对庭外和解对话的主动性。

我们聘请一位调查员去找提诺，由此开始了我们的整个流程。通过调查我们发现，他已经买了一套新房子，支付了 5 万美元的首付，将房子的产权归于他的同居女友名下，我们立即让律师尼尔给他发了一封信，让他在 7 天内同宾联系商议此事，但三周后他仍没有回复，尼尔怀疑他可能将所有的现金都转移或藏了起来，建议我们继续发出诉讼警告。我们向他的工作地点发了起诉书，这一举动的分量很重，因为我要给提诺一点惊吓疗法，这不仅证明了我们的严肃性，也是要让他知道，我们不再按照中国人重荣誉、讲尊严的规则行事了，让他知道，他现在所处的国家不是中国，要遵循另外一套规则，我要让他习惯这种冷漠的美加法律体系。正如我们所料想的，提诺认为他已足够成熟可以去应付这种挑战，但他又没那么多钱，他请了一个普通的家庭事务律师，这个律师很和善，他告诉我们的律师，我们的行为让提诺大为震惊，感觉受到了威胁。他还向我们透露，他建议提诺与我们取得联系，争取庭外和解。

但是，我们没有收到提诺的消息，却接到了艾琳的来电，她对宾针对她儿子的行为大为恼火，在这通电话中，她说了一些本不该说的话，这让宾心乱如麻。但我却没受到影响，我们将继续按计划执行。时间一周周地过去，我们向提诺发出更多的最后期限通知。在我们让整件事情升温后，艾琳的男朋友联系了尼尔，想代表提诺解决这个争端。从尼尔与吉姆的交涉中，我们发现了有关提诺经济状况的大量有趣细节，据吉姆说，提诺的公司倒闭了，要偿还 3 万美元的贷款，剩下的钱都用来偿还信用卡贷款和买新房了。提诺的工作也不稳定，目前他的律师费也是吉姆支付，提诺非常担心把他的中国女朋友的名字作为联合被告人写在诉讼书上，因为她还未取得加拿大的合法身份。我听到这一消息，内心不无欢喜之情，提诺在面对这次挑战时，除了经济负担外，他的行为还给他人带来了不便，现在他的精力应该用在了努力减少他女朋友对被驱逐出境的担心以及给吉姆和艾琳作出答复上，他的谈判力量削弱了而我们的却增强了。

衡量提诺的战斗状态时，我们发现，他对吉姆和艾琳的依赖显然表明他仍然不成熟、懦弱，无法应对这种直接的对峙。从心理角度，他退化到了一个小男孩的姿态，一见到血就跑回家找妈妈。他不再是那个勇猛的街头斗士。他在这片新的疆域中迷失了，无法自卫。或者，这只是我们的看法。

几周过去了，我们开始更多地收到吉姆的消息。起初我们并没有预料到事态会这样发展。吉姆是一个成熟的英国商人，在香港工作多年。由于他拥有在亚洲的环境下进行交易的经历，因此我们都期待他在这场纠纷中起到积极的作用。然而，我们却惊奇地发现，在他与尼尔交换的信件中，对于起诉书中明确的钱款属于宾一事，他却提出了异议。虽然对于确切数额的估计可能有几个百分点的差异（必要时对此可再作商议），但吉姆却加入了一些无理的项目，将提诺欠宾的债务降到 2 万美元。所列项目中首要一项就是艾琳认为，宾没有很好地履行自己的承诺，为提诺的大学教育提供资金支持。据艾琳所说，宾欠提诺 3 万美元作为“孩子的助学款项”。宾和其他家庭成员对此十分气愤，但我和尼尔对此付之一笑。这只不过是一种毫无法律依据的无稽之谈。宾没有赞助提诺学业的法律义务。吉姆提出的另外一个扣减款项即宾搬往加拿大后所支付的月供。据吉姆说，提诺在没有宾的辅助之下自己支付了这些款项，因此这增加了提诺对售房收入的占有份额。显然，宾将每个月应支付的钱直接汇给提诺，而不是汇到银行。不幸的是，宾没有留下记录，说明每个月汇给提诺钱款的目的。在对这一点交流时，我们了解到，提诺确信宾不会留下准确的记录，也无法为他的话提供证据。此外，吉姆还认为，宾对于售房的收入不再拥有任何法定所有权，因为他在都柏林出差时已经按照法定程序将所有权转移给了提诺。宾在读到吉姆的细目清单时十分光火。吉姆不但没有为提诺提供一些指引，相反却在用荒唐的论点维护提诺的立场。更让人气愤的是，提诺躲在他妈妈的安全屏障之后，又一次展露出了他的傲慢态度。我们两个人都想把他从躲藏处赶出来，让他有点分寸。

取得宾的同意后，我让尼尔中断与吉姆的谈话，继续进行下一步诉讼程序。通过法律操作，我们让提诺无法在诉讼期间卖掉房产。我们给提诺的律师发送了另外一份通知书，表明我们已经准备好交换文件，并向下一步的“透露”(指当事人必须透露事实真相或有关文件的内容——译者注)迈进。同时，我请银行调出了宾的所有相关年份的银行记录。当然，这些对账单都显示了宾在这个时间段内每月都会开具等额的支票。有些支票直接支付给抵押公司，这更支持了我们的论断，即这些支票汇给提诺，只是为了支付抵押贷款。我们的证据确凿，提诺的律师很了解。

正当我们思索下一步计划时，我们接到了我们聘请进行诉讼的加拿大律师寄来的巨额账单。在检查账单时，我发现，大笔款项的收取原因不明。我向其提出寄送详细账单的要求时却遭到了拒绝。我与其终止了合同，以不把她的行为汇报给律师协会为条件与其商议费用事宜。虽然，我为我们节省了一大笔钱，但面临着寻找新的加拿大律师的问题，这会超出我们的预算。到现在距离多伦多的房子出售已经过了 18 个月，而且我们都累了。但我仍执意要从提诺那里取得某种程度的满足，开始筹划最后的策略，我希望借此能够结束这场纠纷。

在这个节骨眼上，我们决定在寻找新的律师之前，由我们自己出面主动联系提诺的律师。我给他打了电话，要求他敦促提诺直接与我们联系，这样我们可以着手解决此事。我让他告诉提诺，我们不准备逼他离开新家，只是想取得宾对提诺资产的权益的法律承认。一旦达成了这个目的，接下来我们便可以商量一个时间表，以便提诺按计划归还宾的财产。提诺的律师对于这个建议非常赞同。他答应再尽量劝劝提诺。同时，我和尼尔准备结算协议的条款。除了追回宾原本应得的金额之外，还将应付款项的利息和律师费也算了进去，此外还包括承认情况属实的声明(其中，提诺将承认他僭越了代理的权利，等等)和一个承诺备忘。

又两个月过去了，提诺还是半点音讯也没有。我建议宾去加拿大，亲自见见提诺。与以往一样，宾还是拒绝听这类话。他认为，提诺作为犯了错的小辈，应该来拜访自己。当然，这种观点是建立在中国的等级、荣誉、尊重概念的基础之上的。我又一次指出这样的期望是没有用的，回避是提诺目前的核心策略。他用时间和距离拖延他的反省日期。他的性格和男子气概需要经受与宾亲自见面的检查和评断。一场不期而至的会面可能会对提诺带来震惊的效果。这不仅会突然终止他 18 个月以来一直使用的策略，他还要直视一位多年来给予他爱心的男性权威人物并对他的行为作出解释。宾不得不亲自到加拿大去找提诺，将会再次降低提诺的人格。如果提诺还对男性关系的权力平衡——尤其是本族文化观念，有一丝概念的话，这样一场会面可能会感化他。

我们对加拿大之旅的逻辑性进行了多次讨论。最初，宾想让我同去。我坚持认为，在这种场合下，我的存在只会起到一个导火索的作用。提诺将利用我的存在作为转换讨论话题的借口，从而避免讨论他的行为。从艾琳信中有关我的言语，我们已经知道他将会从何处入手。艾琳从未见过我，因此我只能推断她之所以认为是我发起的诉讼是因为提诺是这样认为的。我希望提诺与宾的会面仅限于家庭事务。更具体一些，我觉得这应该是一个男人与男人的谈话，其中，中国文化的元素应当占主导地位。确实，就连提诺相信我对起诉负有责任一事也符合我们的策略。因为，提诺对我的不信任，将会驱使他投入宾的更为热情的怀抱。当然，只有宾一手拿着协议，一手拿着笔，这个幸福的场景才算完整。我还希望这场会面是情绪化的。如果有人流泪的话，我可不愿意在场。第一，在这种场合，我常常缺乏同情之心。但同情和理解的表示可能对讨论的预热具有深远的影响。第二，我喜欢做幕后工作，观察谈判的进展，当和解协议需要调整时作出决策。第三，我感觉在这个阶段，我的能力适于做宾的顾问。我可以在协议的某些细节问题上提出一些反对意见。最后，我不在场，他才可能毫无拘束地与提诺谈话。

我们决定，宾将在周六的早晨 4:30 至 5:00 之间抵达提诺家。毫无疑问这会让对方吃惊并能保证提诺在家。由于去多伦多的航班无法满足我们的时间计划，因此我们决定让宾租车前往。由于路途遥远，我们还决定让宾最好的朋友兼同事陪他去。他们不但可以轮流驾驶，还可以充分利用时间，讨论工作策略和最近试验的结果。选择查克（Chaker）作为宾的同伴至关重要。查克是个黎巴嫩人，会用阿拉伯的方式进行谈话和谈判。同时，他又是个性格温和的人，总是用最为亲切的声调谈话。此外，他对家庭观念极为敏感，而这种敏感在情况适宜时有助于促进家庭和解。此外，查克也是宾在加拿大时多年的同事，对提诺也很了解。提诺喜欢并尊重查克。我最希望让提诺同时见到他们两个人。他们的长辈身份会把一种权力引入对话中。提诺的力量就不得不削减了。但他们的温和的个性也避免了让这种集体权力转化为对提诺的一种挑战。

周六早晨 5:30，宾和查克便来到了提诺家门前。据宾后来说，当时提诺开门看见是他们，大吃一惊。查克告诉我，当提诺请他们到大厅里时，宾对提诺什么也没说。显然，大家沉默着站了一会儿。还是宾先开了口，他说的话类似于“提诺，我以前有什么对不住你吗?”提诺回答说“没有”。然后，据宾和查克说，提诺当时蹲在地上哭了十到十五分钟。查克告诉我，提诺哭的时候，宾静静地坐在大厅的椅子上，十指交叉。此后的细节不详。我从查克那里得知，在同桌谈话时，宾问提诺他的人性哪里去了，特别是，宾让提诺解释，为什么艾琳向他索要 3 万美元抚育费。据查克说，当提到这一点时，提诺很羞愧。从各个角度说，这次讨论具有积极的建设性意义，焦点集中于家庭和尊重上，绝大部分时间是用英语交谈。查克参与了关于家庭价值观的讨论，并对提诺说了些鼓励的话。在讨论进行到比较情绪化的阶段，宾和提诺开始用中文说。提诺当天上午还要去上班，因此，宾和查克在提诺公司马路对面的餐厅里吃饭，工作休息时间，提诺来找他们，而谈话也变得轻松起来，午饭时，提诺便签署了所有清算协议，并且丝毫没有异议，也不要求做出任何改动。

这次会面所取得的成功是我所未预料到的，我们不仅达到了清算的目的，还恢复了宾与提诺的关系。宾见到提诺表现出的恭顺感到十分欣慰，他表现出来的悔过之心以及签署协议的速度之快，重塑了往日的尊重、荣誉以及最重要的一点，家庭中的等级秩序。宾不在乎提诺的道歉或后悔是否真心实意，他的悔悟和默从的行为才是关键，确实，比起协议的签订，恢复家庭关系更为重要。宾还取得了中国式交易中的终极目标——提诺对于宾的歉疚。由于宾的善良和宽容，提诺亏欠宾的不只是协议中的资产价值。有意思的是，我们发现虽然家人们都原谅了提诺，但与提诺仍在交往的只有家中的男人们，尤其是英，仍与提诺维持紧密的联系。在某种层面上，这种男人之间的互动在潜意识中有种目的，就是驾驭提诺，强调家庭中的等级秩序，但需要补充一点，这种关系的根源仍来自于一种对于提诺的真实情感和忠于家庭的感悟。

尽管通过清算协议，宾取得了将提诺财产变现的权利，但宾给了提诺做准备的时间，准备好了再还钱，如果我们急需钱，大家设计出了一个独具中国特色的解决方法，即英将代替提诺还钱，于是英成为提诺的又一个债主，提诺欠下的债务又一次加重了。

对于我来说，这件事的结果不是很理想，我觉得，在这场战争中，我虽胜尤败。虽然我们让提诺签下了对我们有利的清算协议，但对于宾或他的家人们是否能督促协议履行，返还承诺金额，我不抱什么希望。

这是纠纷解决中意义深刻的一课，我最大的错误就是采取了与宾及其家庭的目标相违背的策略。他们的主要目标是恢复家庭关系，可能的话，收回6万美元。但恢复与提诺的家庭关系，对我来说一文不值，可以说，这是我们之间最根本的文化差异，在这种结果下，我找不到继续与提诺为友的依据，正如许多爱尔兰人一样，我肯为友谊付出的代价是有限度的，即便在家人之间也是一样。损失这么大一笔钱来换取与提诺的友谊，这种代价太大了。

从策略上讲，整个过程中我很失败，对此我感到惭愧，我被宾及其家人在战术上束缚住，未能停止并反思打全面仗的无用性。起诉的全部目的是赢得法律权利的履行，权利本身并无意义——在这件事情中，权利本身也很昂贵，宾不但没有拿回本钱，还因法律费用损失了更多。我在某种方式上是突然介入到这场冲突中，并试图在中国式家庭事务中强制实行西方解决方案，我没能辨别出他们的价值系统与我的完全不同，退出这场纠纷可能还显得更有气度。

编者点评

这个故事实质上属于问题界定的案例。对于法律意识较强的人——比如爱尔兰人，问题在于通过法律行为取回被窃取的钱。对于中国家庭，问题在于恢复家庭和谐，调和家人关系，并表现出长辈的教育不可忽视。解决这些难题时文化差异至关重要。

整个过程中另一个重点便是身份演变。最初，提诺被大家看作一个漫不经心的年轻人，后来则成为一个阴谋家、骗子，他的生活复杂并充满着计谋，这也是中国家庭愿意立案但完全拒绝判刑的原因。家庭成员在钱财之外，还考虑了保全颜面和名声。

第六篇
公　　平

21

密　码

王向宏(Wang Xianghong)

这是一家总部设在美国的中国公司,与现代行业中多数公司一样,各个部门都有很多台电脑,与部门内外的计算机网络相连,为了访问其他部门的资源,或通过网络协作,一个用户必须注册带密码保护的账户,但并不是创建的所有账户都是平等的,有些账户可以在网络中访问更多资源,或是位于更高的工作级别。

最高级别的账户常被称为"监管账户"(supervisor account),较低级别的账户常被称为"用户账户"(user account),只能由拥有监管账户的人创建,当然,拥有监管账户的人可以随意更换这种账户的密码。因此,对该组织的技术人员来说,拥有监管账户的密码是一种权力的象征。

李在一家公司某部门担任技术团队主管,他拥有计算机网络最高级别的监管账户,李对他的部门经理极为不满,决定辞职。离开公司之前,他向经理建议,将自己的工作,包括所有文档和网络计算机的密码移交给手下一位名为平的安静的女人。

郑是该部门另外一个团队的主管,两个团队曾共享了大批数据,出于工作需要,这些数据常常通过网络在李、郑二人的团队之间传输。李一离职,郑便通过网络展示了他的野心,在经理还未表明意图时,便想让平受制于他。事实上，经理希望平和郑作为相同级别，直接由自己管理，因为最近的营业情况不佳，该部门的技术人员少了许多。郑偶尔会劝说平听从他的指挥："如果你为我工作，我会给你提供最好的保护和最高的待遇。"

有一天，郑来找平，说他需要网络数据，让她把李的监管账户密码告诉他，平什么也没说就把密码给他了，几天后，平惊奇地发现她进不了监管账户了，因为密码被修改了（显然是郑干的）。平不会为此而与郑理论，她想让经理来裁决。

经理决定开会讨论与李离职相关的工作交接问题，首先，他想调查网络上的某些数据。

"可否帮我建立一个用户账户？"他问平。

"我也只有用户账户，所以不能确定是不是能帮你建。"

平在电脑上，用她的用户账户的密码尝试了一下，"我无法为您创建用户账户，因为我没有监管权。"

经理转而对郑说："你有吗？"

"是的，我有。"郑在一张纸上写下一些数字，把它折上，交给经理，"这是密码，我们不应把它交与他人。"郑带着严肃的神情说道。

"平不是也该知道这个密码么？"经理问。

"我觉得，平有用户密码就足够了，我们日常的操作尽量不要用监管密码，您是经理，密码最好由您保管。"经理没有安排平成为他的下属，郑似乎很失望，但他还是想表现得比平位高一等。

"我们要避免有人一气之下离开公司而拒绝把这个密码交出来的情况。我觉得，这个密码还是由我们共同保管吧！"经理说。

"那么，谢谢您与我们分享。"郑带着他的等级观念，让自己表现得充满感激。

"以后，仍由平负责数据的传输，郑负责创建用户账户，但创建之前必须取得我和平的同意。"经理说。

"太有趣了，这就好像在两姐妹之间分苹果，一个人负责切，而另外一个有权选择，以确保对双方的公平。"另外一个同事插话道，想要缓和会议中的紧张气氛。

“我们老家就是这样分割房产的，这很公平。”郑满意地笑道，好像他懂得了非常珍贵的道理。

几周后，由于公司内部重组，郑和其他几位同事从原部门中调走，郑仍是团队的主管，如果有人求助于他们团队，团队成员常说：“这件事你要去问郑，郑是我们的主管，我们没有网络的‘superviser account’，因此也无能为力！”其他话都用中文，但监管账户（superviser acconnt）常用英文字正腔圆地说出来。

编者点评

这个故事着重讲述了解决问题的案例，这个经理没有独断专行，而是扮演了仲裁者的角色，通过彼此依赖想出解决方法，为每一方面都提供了否决的决定权。经理将职能多样化，由此增加了可共享的资源，问题的解决方法存在于责任的分摊，这样一来，便淡化了使用密码控制信息使用权并作为谈判筹码的可能性，他的决定中还表现了一种有趣的、不同寻常的公平标准，引导参与各方进行合作。

22

哪一半属于我?

纳西尔·艾德-丁·科贾(Nasir ed-Din Khodja)

纳斯鲁丁和一个朋友口渴了,于是来到一家咖啡厅喝点东西,他们决定两个人喝一杯牛奶。

"你先把你那一半喝了吧。"朋友说,"我这里有糖,但只够一个人用,我要把糖加在我那份牛奶里。"

"现在就加吧。"纳斯鲁丁说,"我只喝自己那一半。"

"这是不可能的,我的糖只够让半杯牛奶变甜。"

纳斯鲁丁找到咖啡厅主人要了一大包盐。

"我的朋友,好消息,"他说,"咱俩说定了,我先喝,我要在我的牛奶里加点儿盐。"

编者点评

这个案例有关公平和公正。朋友之间,公平的基本形式被称作平等,但在想出一个分享牛奶的公平方案后,纳斯鲁丁的朋友又引出了一个有关糖的新问题,平分牛奶并不意味着糖也要平分,这一事实直接影响了关系的质量,然后,真正的谈判转向关系层面,朋友之间应分享一切。

本案例中发展出来的第二个层面即构建情境权力,纳斯鲁丁借假装要在他自己的一半里加盐来掌握全部,迫使另外一个人在他的条件下进行谈判。

我们可以发现两种程度的冲突:第一个是朋友要加糖,第二个是纳斯鲁丁威胁要先加盐。集体和个人利益没有能重合,即使是在友谊的光环下。

23

浮士德式的交易

亚历山德·梅尔曼(Alexander Mehlmann)讲述

与魔鬼订立契约的思想,在民间传说和艺术作品中流传已久。民间故事教给我们一些欺骗魔鬼的机智方法,但克里斯托弗·马洛(Christopher Marlovre)和约翰·沃尔夫冈·冯·歌德(Johann Wolfgang von Goethe)将人类的尊严与魔鬼般的聪明机智之间的交易推到世界文学的高度。

分属伊丽莎白时期和浪漫主义风格的两部悲剧间接地以匿名作者的畅销书为基础:*Historia von D. Johann Fausten*(1587),这本书讲述了一位德国巫师为了换取知识和权力,把自己的灵魂出卖给魔鬼的故事。这个具有历史意义的浮士德曾被其当代人描绘成为傻瓜和骗子,但在作者死后却成为名作,在人们的想象中超过了地位更高的魔法师,如梅林(Merlin)、阿尔伯特·芒格斯(Albertus Magnus)和罗杰·贝肯(Roger Bacon)。

比起浮士德反对者们从事的行业来说,这种名誉上的收获也显得微不足道。梅菲斯特从区区一个使徒(魔鬼侍者)、一个在契约订立后,仅负责避免浮士德忏悔的工具(马洛版本),成长为一个成熟、足智多谋的高等魔鬼,自称是否定力量的一部分,寻找邪恶但创造良善(歌德版本)。

Nun gut, wer bist du denn? — Ein Teil von jener Kraft.

Die stets das Bose will, und stets das Gute schafft.
好吧，那么你是谁呢？——属于永恒的力量，
不断寻找邪恶，但仍然缔造良善。

但在歌德的宏伟诗篇中，从邪恶中创造良善一点也不明显。最初，地狱使者多疑而且具有破坏性；在追寻魔鬼的诱惑时，浮士德常常通过选择善良来应对。但当他坚定地追求漂亮的玛格丽特时，他以暴力强迫并将其杀害，事过之后方才醒悟。第二部分结尾时，当他努力要达到慈善和大公无私的目标时，浮士德忍受了人的死亡流血。在这些情况下，浮士德的救赎似乎是一个谜，只因为天使们道出了（道德上值得怀疑的）赦免法则：

Wer immer stebend sich bemuht,
Den konnen wir erlosen.
对于那些奋斗不息的人们，
我们当然可以宽恕。

（注：此处的引用文字源自歌德的《浮士德》（第一和第二部分）；所有翻译源自译者。）

那么，歌德的悲剧中讲述的浮士德式的交易，本质上是什么呢？

为了获得知识和权力，浮士德屈从并对魔鬼谄媚。梅菲斯特许诺让浮士德得到所有他想要的，而交易的条件（将契约变为赌注）也说得很清楚：

Ich will mich hier zu deinem Dienst verbinden
Auf deinen Wink nicht rasten und nicht ruhn;
我有义务在地球上服务于你，
只要你一声令下，我绝不会暂停或休息；

但只要浮士德希望他正经历的某个时刻能成为永恒，那么梅菲斯特可

以取得这个交易的代价，那就是浮士德的灵魂：

Werd ich zum Augenblicke sagen：
Verweile doch！du bist so schn！
Dann magst du mich in Fesseln schlagen，
Dann will ich gern zugrunde gehn！
如果我对某个时刻说：
真是太美妙了！愿此时永驻！
你便可以给我套上枷锁。我将欣然接受，
我的灭亡，刻不容缓！

浮士德自信能赢得这场打赌。在他看来，具有魔力的瞬间只能通过自己的努力达成，而不是通过诱惑或魔鬼的阴谋：

Was willst du armer Teufel geben？
Ward eines Menschen Geist，in seinem hohen Streben，
Von deinesgleichen je gefaßt？
什么？可怜的魔鬼，
你想给什么？
你们同类中是否有人，
付出人类最高程度的努力？

相反，梅菲斯特很确信他能够赌赢，让浮士德受到惩罚只不过是诱惑手段和时间的问题：

Ein solcher Auftrag schreckt mich nicht，
Mit solchen Schatzen kann ich dienen.
这样的秩序不会扰乱我，

我可以向你们提供此类宝物。

浮士德式交易的战略结构似乎很简单。这是个单边提供条件——魔鬼的诱惑的动态流程,只要浮士德宣称相应的时间点是魔法瞬间而不接受这个条件,这个交易将会延续。如果浮士德体验最美好的时刻,并接受了条件,那么交易终止,与魔鬼的契约也就得以执行了。

仅由一个人提出条件的交易模型有一个主要特点,那就是无论参与者的喜好如何,达成的协议总是对提条件的一方有利。而浮士德式的交易绝对不属于此类情况,在这个交易中,对参与方的喜好判断失误是基本重点。

梅菲斯特达成协议的压力很大。如果没有赢得赌注,这个魔鬼损失就大了:

Ein großer Aufwand, schmahlich! ist vertan;
浪费了那么多,真是丢脸;

最后,他可能因为自己失去耐心而失败。契约的另外一方浮士德,其所处的交易地位更为强势。由于他的灵魂分裂,他的喜好让他既受财富的诱惑,又要努力吸取无限的知识。他有大量的时间去实现目标,并考虑魔鬼提出的条件:

Ihn sattigt keine Lust, ihm gnugt kein Gluck,
So buhlt er fort nach wechselnden Gestalten;
没有什么喜乐可以让他沉醉,无论多少财富似乎都无法满足,
他永不停息地追寻着形态和事物的变化;

浮士德式的交易代表了欧洲文化中重要的一种博弈,代表了(魔鬼式的)个人主义和(天使般的)对人类的奉献之间的斗争。然而,20 世纪时,这种博弈的伦理被引入歧途。法西斯主义将其作为创造“新人类”的隐喻而加

以滥用。面对这些可疑的操控，有两位重要作家发展了他们的浮士德类推法。

托马斯·曼（Thomas Mann）的《浮士德博士》（*Doctor Faustus*）讲述了一个德国作曲家阿德里安·莱弗金（Adrian Leverkhn）的故事，这是一本由传统叙事发展而成的小说和政治寓言；莱弗金与魔鬼的契约寓意了德国的命运，从传统人道主义的高度跌到了疯狂的深渊。

浮士德交易的第二个现代版本——米哈伊尔·布尔加科夫（Mikhail Bulgakov）的《大师与玛格丽塔》（*The Mater and Margarita*）以荒诞不经的方式改写了主人公的角色。大师（布尔加科夫的浮士德，一位小说家）不愿与一群伪君子达成（恶魔般的）协议，遭到了百般羞辱，被赶到精神病房。为了替他报仇，玛格丽塔将进行一场浮士德式的交易。她的同盟与交易的另外一方——魔鬼沃兰德（Voland，歌德的《浮士德》中梅菲斯特在战争中的名字）最终成为集体主义灾难中彰显个人主义的拯救者。

编者点评

这是一种高风险的谈判。协议达成，但真正的问题存在于合约的履行上。没有任何目的的谈判将不被称作谈判；但这里，一旦确立了代价，谈判过程便持续下去。梅菲斯特受时间所迫，因为在浮士德遇到那个让他希望永久存在的神奇时刻之前，所有的成本都由梅菲斯特承担。双方都陷入了一个安全点不明确的博弈之中。执行阶段仍存在着深刻的不确定性。

第七篇
权力问题

24

在韩国买卖哈母

宋熙金(Sung Hee Kim)

哈母(hahm)是盛放给新娘结婚礼物的箱子。在韩国,结婚前夕和婚礼当天一样重要,对于新娘和她的家庭来说尤其如此。这一天可以充满喜庆、欢笑,但也可能成为一场噩梦,取决于这一家如何对哈母讨价还价。

哈母里放的是新郎家庭为新娘准备的结婚礼物,例如家族珠宝、晚礼服、衣服、化妆品,或任何新郎家庭认为新娘可能需要的物品。哈母上还有一张纸,用精美的丝绸包裹起来,纸上写着新郎的“生辰八字”(出生年、月、日和时间,每项都会影响他的命运)。新娘应在婚姻中一直保留这张纸。

在婚礼前夕,新郎的密友们(有时是他的男性亲戚)拿着这个盒子来到新娘家。他们中应有一人装成马,貌似驮着“沉重的”箱子千里迢迢来到新娘家。他们一到新娘家,便大声喊一些象征性的语句,以宣布他们的到来。例如,他们可能欢快地说:“我们有一大箱好东西!你们出多少钱?”这时,新娘家中的一个成员,通常是新娘的母亲,会冲出房门,表示她愿意把箱子买下来,于是开始了讨价还价。这个过程虽然有趣,但也可能成为一个漫长而又紧张激烈的过程。卖方可能会说这样的话,比如:“马太累了,我们需要大量的粮草(也就是钱),才能让它把箱子驼进你们家里。”母亲可能会一边使劲把马拉进家,一边说:“我能看得出来,你和你的马都又累又饿。但是,也许一些好菜好酒能作为交换。把箱子带进来，你们就有吃的喝的了。里面还为你的马准备了充足的粮草。”卖方常会拒绝这个邀请。他们可能会说，马太累了，一步也走不动了。还可能会说，只有给它更多的稻草，才能继续向前走——也许每一步都需要很大的助力。这时，新娘母亲可能给少量的钱（比如说，1 万韩元），卖方大多会拒绝。在某些情况下，她可能把钱作为稻草，在马面前展示，同时慢慢地向马靠近。与此同时，新娘的家人会尽力将马牵进家中。发生这种情形时，卖方会向远离房子的方向推马，最后双方陷入一场你推我拉的全面战争。

在许多情况下，卖方坚持说马迈向家中的每一步都需要粮草。新娘家通常要准备许多信封，每个信封内放有数额不等的钱。每一步给多少“粮草”需经双方协议决定。也有可能马每迈出一步，新娘的母亲就把装着钱的信封扔在马前面。

在整个卖哈母的过程中，卖方通常采用多种战术来达到自己的目的。如果条件不能令其满意，他们可能会喊：“还有没有别人愿意买这个哈母？这么便宜我们可不卖。”或者，他们可能会上演一出闹剧（比如，大声唱歌）。这种闹剧会让新娘家庭难堪，原因很多。首先，这种讨价还价发生在晚上，太吵的话会打扰到邻居。其次，新娘家还担心落得个吝啬的名声。

未能满足的卖方可能威胁将哈母带回新郎的家——偶尔真的会出现这种情况。新娘一方害怕出现这种结果，因为这妨碍了其与新郎家庭的良好关系。因此，卖方常常具有优势。（进行这一步时，新郎不允许介入或帮助任何一方。哪怕他急得“直咬指甲”，也要当一个冷眼旁观者。）

我母亲的四个女儿都已出嫁，让我告诉你们，当我的一个妹妹结婚的时候，她是如何处理哈母谈判这件事的。（我嫁给了美国人，所以逃脱了这个程序。）显然，我的母亲和卖方（我妹妹未婚夫的朋友）正处在我刚才描述的整个谈判过程中。卖方极为固执，只知道无理索要“粮草”，却不知变通。我的母亲被他们激怒了，大怒之下冲他们嚷道：“你们滚吧！我不买你们的哈母了！”然后愤然关上了大门。我妈妈这种突如其来的举动让卖方大惊失措，一时间说不上话来。随后他们开始大声唱歌，这是卖方通过打扰新娘家邻居休息，进而增加谈判权力的常用伎俩。外面的吵闹也没能动摇我的妈妈(及我们全家)，我们按兵不动，只是把门外的灯都关掉——向他们发出信号，我们家是绝对不会屈从于卖方的要求的。这时已经过了午夜，所有的公共交通服务都停了。因此，即便卖方想把箱子带回去，也没这个条件——除非他们能够忍受背着箱子走很长一段路。除此之外，大自然也站在我们一边。在这样一个早春的夜晚，开始下起雨来。饥寒交迫，他们快挺不住了。

他们开始用力敲门，乞求我们买下他们的哈母。我妈妈气还没消，让他们走开。卖方一直在降低箱子的价格。最后，在我妹妹(准新娘)的乞求下，我妈妈才让这些人进来，给他们送上酒和食物。此外，她给了他们一些钱，比预算少了许多。

编者点评

这个故事提供了一个权力管理的有趣案例；在这个案例中，讲述的是双方如何构建强势的谈判姿态。从根本上讲，这应该是一个相互合作的谈判，因为两个家庭必须发展友好的关系，这个仪式的目的不是破坏双方的关系。因此，马的比喻可以帮助他们在处理金钱问题方面显得不那么直接。这是一种仪式化的超语言，给谈判留下了很大的空间。

分阶段进行让步，每步一点点，是让步—聚合方法的例子，只不过没有取得预期的效果。随后，双方采取了一系列计划的战术，改善他们在谈判中的权力地位：新郎一方，通过展示对方的小气威胁到了新娘家庭的名声，制造噪音打扰邻居，威胁将哈母带回；在新娘一方，对那些额外的压力漠然视之，启用消磨时间的战术，努力将对方置于“需求”一方的位置。

博弈中还出现了一个有趣的元素，即雨的意外降临，加上交通的缺失对送回哈母造成了威胁，这些极大地降低了卖方的安全点。

25

拒绝统一

安妮·福尔·布泰耶(Anne Faure Bouteiller)

兹戈热莱茨(Zgorzelec)是波兰尼斯河(Neisse River)边上的一个哥特式小镇。在桥的另一边就是戈利兹(Görlitz),属德国境内,岸边建有古老的房屋。这个城镇从第二次世界大战结束后就被分成了两部分。

日日夜夜,小汽车和大卡车不断涌向这座波兰与欧洲共同体之间的边界桥。这条壮观的钢铁长龙艰难地通过狭窄的通道。这是早秋的一个上午,天气尚好。大多数司机可能都想出来散会儿步,借着买水果或芝士蛋糕抽空逃离一会儿,或好好欣赏一下旧式哥特风格的砖房——但这只是个难以实现的梦想。这条长龙一直在前进,缓慢却不会停顿。

四个小时后,终于见到这座桥了。一条车道上奇迹般地几乎没有一辆汽车。我们的两个女儿已经仔细查看过了:这不像是为官员或本地人预留的车道。能节省半个小时真是幸运。我犹疑了一会儿,但看到刚才占用该车道的几辆车消失在桥那边的时候,便不再犹豫了。

边界只有十米之遥了,这时一位警察拦住了我。我给他看了我的文件。显然他对此不是很满意,做了一个指示性并带有恶意的手势,让我们横穿过街道,向远离桥的方向行驶。对我来说,走那条路绝对不可能,因为我不想再重新排在这条由波兰和德国两国管控的疯狂的车龙之后。

我下车，用德语向他解释，他的德语只能说个大概但足够清楚。我对说理的执着让他恼火。他又一次要求看我的文件，将文件放在他的衣袋里，然后索要一大笔的费用——50万兹罗提(波兰货币单位，译者注)，这相当于在波兰十天的工资，用任何货币付都可以，并命令我走那条见鬼的路。这太过分了！他的态度很强硬，火药味极强，因此我要求见他的上级。他的回答简直让人难以置信：他独断专横地说，他就是最高长官！无论怎样，我意识到他的权力凌驾于我之上，而我通过边境的文件也在他手上。我们对所谓的罚款开始进行不愉快的讨论，罚款的依据是什么，为什么唯独我要缴纳这个罚款，我还不时地提出与其假定的上级谈话的要求。我和我的对手，用一种我们都不熟悉的语言交涉，轮流假装听不懂对方的话。对我来说这是场无望的博弈，事态的发展对我毫无利益可言，只会让他觉得，我低估了他的话的严厉程度，只会让他继续表达他对我的绝对控制权。

但让我不解的是，他从来不试图与我丈夫谈话，当时我丈夫坐在路中央的车里。这个警察既不让他把车开到一边去，也不让他加入到讨论中，向他索要罚款。多数法国警察至少出于一些厌恶女人的情绪，可能都不会放过这个机会。毕竟，他不知道我丈夫不会讲德语。我的丈夫焦急地观察事态的发展，但没有离开他的座位，因为坐到驾驶员座位上，将车移开，便意味着已经输了这场博弈的前半部分，意味着我们掉进这个如蛛网般的小镇的陷阱中，想要穿过这座城镇，除了再一次进入缓慢得让人心痛的车水马龙中，别无他法。另外，如果讨论失败，他还可以出面让这场博弈冷静下来。“我的”警察看来真的准备好交战了。

其他不幸开到这条车道上的司机，在这个警察的怒视和呵斥之下，被迫走了辅路。他们显然不羡慕我的处境，虽然被骂了几句，但至少他们没被罚款。“就是因为你找我理论，所以你要付罚金，”这个警察说。这是个奇怪的道理。另外一个警察路过。第一个警察告诉他，遇到了我这么一个棘手的问题。我瞬间有种希望：也许新来这个人的权力比我可怕的对手大一些？没这么走运。两个目睹整个过程的热心的波兰人，相继试图与警察交涉，但不久之后他们用抱歉的目光看着我，于是我明白了，我必须支付罚金，因为没有更高级别的警察会来这里。

突然，事情有了转机。这个警察没对我说话，咒骂着走向一辆停在远处的警车。我带着两个女儿紧跟着他。女儿的脸上写满了紧张。他坐在了副驾驶的位置，对着对讲机说话。驾驶员起动了发动机，我的对手带着嘲讽和胜利的神情，向我告别。我开始恐慌。事情正在转向一场灾难：不再有文件，对于那个将文件拿走的人的情况我们一无所知。他要走人，但是要去哪儿呢？这些忧虑同时涌入我的脑海。我必须保留对我的文件的控制权。他猛地关上车门。我冲到后车门处，但车门锁上了。我打开前车门，跳到他的大腿上。这个疯狂的、令人生厌的近距离接触完全不合时宜，但这是我当时唯一能想到的举动，简短但至关重要。

他深感诧异，突然变得安静起来。我感觉他有些别扭，对于所发生的事情没有把握，与他的预期完全不同。他把我的文件给了驾驶员，在车的前排公开地整理。他又一次拿起对讲机，但什么也没发生。我问这两个人，发生了什么事。驾驶员让我等待，并向我解释，没有人会偷走我的文件，他会把文件放在我能见到的地方。讨论不再进行，仅剩下一个没有任何实质内容的情境。我对所发生的事情一无所知，只能让自己处在一个让他们既不能关门又不能开走的位置。

一个女警察出现了，坐在了后排。他们让我坐在她旁边。我的两个女儿也想上来。我很想这样做，因为这会使警察更为难堪。但我的女儿压力已经够大了，我宁愿她们在这种压力气氛下远离即将发生的一切。

随后我们用很长一段时间穿过这座灰色城镇和郊区，穿过那些邪恶的建筑。我的对手带着气愤的语气向他的同事们讲述了他的故事版本；我只听出他用词的暴力性，毫不服输地打断他："这里是民主制国家！"对于如此直白的表达，我也没什么把握；对于警察的公然冒犯，在法国是一个严重的错误。我的对手觉得我的话是针对他的，便被激怒了。他的德语能力又恢复了，他告诉我"纳粹完蛋了"。随后，他开始用波兰语对我大加斥责。奇怪的是，虽然当时我没有发现，但当时女警察和驾驶员警察并没有参与到这场冲突之中。对于我的疾言厉色无动于衷，对于我的对手的话也没什么反应。

他们只是做自己的工作，对这件激怒我们二人的故事好像是局外人一样。

我在心中准备好要说的话，说给他们将要带我见的那个人听。不管怎么样，都不会过于情绪化，如果对方像“我的”警察一样严厉，我怕会惹恼对方。此外，我对于波兰人的心态一无所知。我总结了对手所犯的错误，评价的依据就是在法国类似的情况将如何解决。我认为，拿走我的文件的行为是不合法的，希望鉴于我只是个游客，而且只不过是占错了车道，在这个仲裁人看来都不算什么，希望他只是严厉批评或者最多少罚一点，就可以放行了。但是，我在错误的时间发表了侮辱性的言论，为此更加担心，毕竟我不懂这个国家的法律情况。他们会不会将我拘禁呢，至少拘禁几个小时？我的一个朋友在很久以前就在苏联被拘禁过。

我们的车终于停在了当地派出所，跟边防警察没什么关系。不管应不应该，我都感到如释重负。他们把我留在一个阴暗的走廊里。没有椅子，我只能靠在办公室的玻璃桌子上，旁边还坐着个总机接线员兼前台人员。女警察和我待了几分钟，然后便消失了；我比较喜欢的那个驾驶员走进办公室；而我的对手，在与同事谈了几句话之后，带着我的文件在侧面走廊里飞快地奔走，也许是去他上级的办公室，因为走廊里有个巨大的牌子。无论如何，现在我从与他的唇枪舌战中解脱出来，又重新点燃了些许希望。

一扇门打开了，一位公务员走了出来。他是将要对案子进行决断的仲裁员吗？他盯着我看了很久，然后离开了。我保持安静，回想着我上警车时女儿们给我的建议：“妈妈，记住，千万要沉住气。”我等了很长时间，随后我的那位对手走进走廊，神情忧郁地走向总接线台。他拨了一个又一个电话，但似乎都没有回音。是不是设备坏了，还是他想要接通的人没在？他自己是否也是官样文章的受害者之一？他仍然像先前一样易怒，让接线员替他拨打电话。一刻钟过去了，半个小时过去了，什么也没有发生。我可以看出，对手的神情越来越沮丧。他要给谁打电话呢？法庭？法语口译人员？在这个一天也见不到十个法国人的城镇里，找口译这件事着实不容易。感谢上帝，我不是德国人，尽管这个城镇部分归波兰管辖，但仍然使用双语。随着时间的流逝，他的情绪和骄傲有所收敛。我感觉好些了。时间限制可能站在我这一边。毕竟这个国家现在实行真正意义上的民主制。如果下班之前没有什么进展，那么他们会要求我做什么呢？我能感受到每个路过的人打探式的目光。我的故事已经传开了，而且还吸引了一些人的关注，但都在合理限度内。我可能与被描绘的形象有一些出入。我什么也没说，也不会提什么要求。现在不是吵架的时候。我只是等待。等多久我也不知道。突然，警察从接线台的玻璃办公室中走出来，看都没看我一眼，又再次冲向侧面的走廊。突然他又拿着我的文件重新出现了。我鼓足勇气，像短跑运动员站在起跑线上一样集中精力。现在是时候进行最后一个阶段了。

令我吃惊的是，他交出了文件，一句话不说地给我指了指出口。我没花时间仔细思考，而是拿了我的文件，就迈向了自由，外表上从容淡定。我身上没带钱，也不知道要走多少英里才能和我的家人团聚。我一走出这座建筑，就开始无计划地奔跑，从痛苦中逃离。

我沿着山坡行走，河应该位于下坡的地方。五分钟后，我看见了那座桥。令我吃惊的是，我才意识到警察局与边境距离如此之近。这个迷宫似的城镇迫使警察们不得不绕了个大远。我们的汽车如今停在距离海关大楼附近的地方。我的女儿和丈夫就在那里。我们话还没说完，便重新启程了，回到那条该死的车道——这次一定要行驶在正确的车道上——时不时地向后看看，以免警察回来。将我们的护照先交给“波兰边境防卫”审查，然后交给德国警察，这位警察终于没什么疑问，再次上路了。

分析评论

我们正穿过一些又小又宁静的德国市镇，无休止地讨论着这次“地狱之行”和出乎意料的结果。

这位警察为什么要重罚我呢？为什么给我求情的波兰人都觉得这件事很棘手？为什么这个警察没有像刚开始一样拿走我的文件？为什么在警察局里没与任何人会面？归结至一个问题，为什么会是这样一种结果，让这个警察丢尽了面子?

经过几个小时的推测,我们最后总结出了几种可能的解释:

——这个警察对我罚款没有任何法律依据,只是为了自己赚钱才出此下策。由于我没有听从他的命令,于是他陷入了困境。他应该谨慎行事,避免给自己带来负面影响。因此,他才不得不防止我去见他的上级。

——他还未完全理解民主社会里警察的规则,仍在按照老式的作派去执行任务。他的上级被他连续的违规行为所激怒,强制他执行一系列行动,让他更好地了解他的行为所带来的后果。

——这位警察对我罚款是正确的,但当时的情况有些荒谬,违规的情况与索要的罚金不成比例。因此在这样一个可能带有"政治性"并对整个部门带来不良影响的案例中,他不愿自己的领导权在面对一个外国人的时候受到挑衅。

——没有官方的口译人员是不能对我强制执行任何决定的。当时没人有空或是愿意出面。

——警察的上级了解他滥用职权的倾向,但不愿让我知道。所以避免见我,并告诉这个警察(在虚构了大半个故事后仍无法让他们相信)按照正规程序执行,执行后便可以帮助他们见证其失误行为的证据并让他们得以采取针对这个警察的行动。

但终究只有这个警察,也许还有他的上级,知道确切答案。

编者点评

这个故事讲述了权力不对称情境下的争端解决。这是一场谈判,整个过程以达成联合决议告终。随着情况和参与者的变化,警察不得不改变他的目标,削减权力不对称的情况,事态向着更有利于法国游客的方向发展。谈判的范式发生了变更,导致结果与人们此前所期待或恐惧的完全不同。

双方都做出了让步,哪怕是情不得已。警察归还了四本护照,而这个游客没有要求向更高级别的权威控告，由此避免了双输的博弈。

这个过程中发生的多个事件可能完全重塑整个态势。在驾驶员带着护照离开之前，游客出人意料地跳进汽车，坐在警察的大腿上。这种反应创造了一个新形势，让警察毫无准备并且无计可施。随后，警察在自己人中寻求支持，但没能如愿。这表现了向第三方提出要求后但第三方拒绝干涉，会削弱提出请求一方的地位。此外，因为游客在警察局，所有人都可以看出她的态度与另一方描述的不一致。因此，这个警察丧失了可信度。

机构与这个游客之间无法直接沟通，对后者有利，最后也为这场冲突画上了句号，毕竟没有其他渠道为其说话。所谓的罚款依据也发生了改变，否则，将无法证明这笔巨额罚款合法。但是这种转换对罚款的可信性和合法性提出了疑问，因为，如果第一笔罚款出于事实情况——驾驶员占错车道，那么第二次的罚款则是仅仅出于主观原因——游客与警察评理。

另外在工作中有趣的变量就是涉及的压力，时间的流逝所带来的整个过程的未知和可怕的后果。游客可以承受这种压力，不愿因避免更多不确定性或浪费时间而放弃努力。而最后的结果也是对她有利的。

26

你付船钱了吗?

乔安娜·R. 卡梅隆(Joanna R. Cameron)

近年来去非洲旅行被美化了一番。传统的旅游探险包括了肯尼亚和坦桑尼亚国家狩猎公园内的"飞人"狩猎旅行。但许多旅行者们不再满足于这些预定好的旅行计划——对于文化极少或毫无涉及,而且与导游的对话也有限,只是在保护区内接触一些动物而已。具有冒险精神的游客来到非洲大陆,目的是寻求一种完全不同的体验。他们不参加旅游团,而是驾车前往横跨非洲大陆,行程中的每一步都自己谈判。

横跨非洲大陆的体验中,文化独具特色。沟通的方式也不固定。偶然途经纳米比亚北部的营地,陌生人热情相迎,她认识你卡车上的图案,因为她坐在埃塞俄比亚的篝火旁听到过有关你的故事。旅行者群体以一种奇怪但可预见的方式联合起来;信息作坊里不断搅动着,还有取之不竭的好奇心和好客之情做动力。所有旅行伙伴们都愿意伸出援助之手——包括备胎、行车建议(或全面的机械工程帮助)、食物、方向,尤其是有关何时去何地探险的建议。这是人们穿越大陆时可以依靠的方法,来避免陷入困境。

乔治·布尔(Georg Bull)就是这样一位穿越大陆的旅行者,有着让自己摆脱麻烦的本事。他从英国伦敦驾车向南抵达南非开普敦,这次旅行让他很快学会了如何对付跨境时繁琐的官僚手续、确定合适"礼物"以协助事务办理的微妙过程，以及每天在街市上购买水果和蔬菜时的讨价还价。乔治很合群，讲起故事来声情并茂，常常被邀请到篝火晚会上，分享他的故事和经历。肯尼亚内罗毕的营地，在众人提出的众多问题中，最常见的就是，“那么，你付船钱了吗?”

所有穿越中非的旅行者必须渡过位于刚果(金)基桑加尼(Kisangani)西部的刚果河。在又深又软的泥里行驶几周(有时每天只能走10公里)后，就会遇到这个船夫。他的确有艘渡船，但油箱里却没有柴油，或者船的发动机没有蓄电池。希望那些不开柴油卡车的人在此之前听说了这个故事。如果没听说，那么就要等好几天之后另一辆卡车到来，给这个船夫提供柴油了。这些年来，所有其他的渡船都沉船了。这个船夫了解你所有的底牌。他知道天热，而你又饿又渴，最主要的是，你要渡河到对岸。他是唯一一个能带你到对岸的人。在这种情况下，这个船夫通常还会要求你用美元现金支付船费。1994年非刚果公民的渡船费用，开价竟为100美元!

与非正式的官员和寻找机会的过路人的多次交往，理所当然地造就了乔治的坚定意志，他不会给予船夫这种看着他绝望的满足感。由于在讨价还价中保持不变的立场十分重要，于是大家决定让乔治代表群体出面。西行的旅行者们曾讲过无数个有关渡河的故事，因此乔治对这个船夫榨取过路人大量钱财和必需物品的策略和能力了如指掌。当乔治终于穿越了大片的树林，来到了渡口时，他把卡车开到了渡船前，关闭了发动机。船夫终于起身，带着悠闲但又好奇的神态走上前来。虽然乔治他们一看就是跨陆旅行的人，但他们并未表现出需要渡河的游客的特征。他们整个上午都坐在那里，展开地图，讨论接下来几天的路线。一两个小时过去了，另一辆卡车开了过来，没有足够的空间开过去，只能在停着的这辆卡车后面等候。第二辆卡车里有几个扎伊尔人，他们对乔治和同伴的态度很气愤，并表达了他们的不悦。

乔治是个老练的旅行者，在穿越各国国境时，虽然规则与表面的不一样，但他总是能在许多看似不可能的情境中找到变通的方法。他本可以一到这里就去找船夫，开始商谈，让他离刚果河对岸更近，但乔治没有这样做。

他只是向船夫打听了渡河的价钱，一听到回答为“100 美元”，就知道讲价也没用。考虑到船夫在这里显而易见的影响力，任何价格都低不了，所以乔治决定不让船夫知道他的底线。乔治为了避免让对方知道自己的底线，从与船夫的交谈中脱身出来，等候事态的发展。他希望引入复杂的变量，这样会使船夫觉得谈判难以捉摸。在渡船这里逗留，却不与船夫说话，本身就是一种战术。这种战术不同寻常，有种模棱两可的气氛，给船夫制造了不安全感。

也许这次交易不会像往常那样已成定局。这些特别的旅行者是谁呢？是什么让他们行为如此不同？是不是他们知道一些他不知道的东西？有什么需要担心的吗？是不是河对岸有什么是乔治不想看到的？船夫的好奇心和怀疑心逐渐增长，这让他们满意；这件他一直拥有完全控制权的事情，如今有些复杂了。

乔治给扎伊尔人讲了一个编造的故事，说他和同伴们所有的钱都被抢去了，没钱付船费，希望借此博得他们的同情。虽然没有确切地表现出同情，但愤怒的扎伊尔人没有要求乔治做什么，而是将他们的口头攻击指向了船夫。这时，乔治和他的同伴们开始做午饭。其他人显然急着过河，他们的存在引入了外部的紧迫感。现在窘迫的不是乔治，而是那些要求立即过河的扎伊尔人。但必须让乔治先过河。现在的空间不足以让卡车有大的移动，乔治的车挡住了他们通行的路。乔治声明，他的卡车是汽油车，也没有渡船所用的柴油，但他有可以暂时使用的蓄电池。

如果后面的扎伊尔人不提供柴油，他们只能滞留在刚果河岸，等待下一辆卡车过来！扎伊尔人和船夫对于这个安排感到不安，不会轻易妥协。乔治问扎伊尔人他们过河一般支付多少钱。他们犹豫了一下，紧盯着船夫，然后说 50 美元就足够了。乔治确信，这也是个虚价（一部分是给船夫的，一部分是给扎伊尔人的），因此拒绝讨论支付船费的问题。船夫意识到自己现在没有控制权，降低了开始的要价，请求乔治支付某种形式的费用。乔治重申所有的钱都被偷走了，但他有应急的 10 美元，可以给船夫。这与扎伊尔本地人的价格相近，船夫接受了这个价钱，不情愿地同意了。

乔治提供蓄电池，用于起动渡船的发动机，那两个扎伊尔人提供柴油。虽然乔治和同伴们整个上午都在刚果河岸，而不是在通往乌干达的路上，但他们已经成功地实现了谈判目的。是的，他们支付了船费，但比多数跨大陆旅行的人们要少许多。

编 者 点 评

这个案例讲的是弱势转为强势的谈判。乔治借挡住道路、抬高船夫拒绝合作的成本，设计了安全点的真正转换。在这种安排中，第三方扎伊尔人站在了乔治一边，因为他对于解除妨碍也无能为力。唯一一个可以施压、解决这种态势的人就是船夫。

乔治为了加强他的谈判地位，还增加了几项措施，例如自己不发问，而让船夫充当那个提出请求的人。他还把自己说成几乎身无分文，由此降低了他人的期望值。从外表上看，他一点也不着急，因此时间压力也不能成为用来威胁他的武器。

乔治没有参与设定议价范围。这避免了双方开始讨价还价，这就便于他把协议焦点集中在扎伊尔人渡过刚果河的价格上。

27

遭遇“绿色访客”

查尔斯-爱德华·德·苏尔曼(Charles-Edouard de Suremain)

黎明时分,清晨的雾气仍然笼罩在危地马拉科斯塔库卡(Costa Cuca)省乡村高高的火山上,咖啡种植园里出现了一群人,15人左右。他们迅速地包围了农场主的殖民地时期的大房子。已经在厨房开始工作的年迈的老女佣,第一个看见了他们。当武装的入侵者包围房子时,她什么也没说。随后来了一个高个子男人,脸都被黑色长胡子和一副大墨镜挡住了。他径直走进开放式厨房。他在房间外谨慎地待了一会儿,小声让女佣去叫老板;大型的四轮驱动豪华汽车停在房前,农场主肯定就在这里。

这个老太婆不慌不忙地看了看这个陌生人的手榴弹和机枪。在佣人离开前,这个高个子男人警告她不要做什么傻事。

一个瘦瘦的年轻人经过第一位入侵者所在的位置,偷偷地向厨房里看了一眼:我们二人四目相对了一秒钟。随后他问我:“你是谁?在这儿做什么?坐着别动!”我简要地说明我来此调查的目的。我介绍自己是农场主一家以及住在这里的所有人的“好朋友”,并坚持说,是农场主允许我随便参观这个庄园的。这个人听得很认真。当他听到木质楼梯上响起农场主的脚步声时,便迅速后退。

农场主好像已经习惯了不期而遇的访客,直接从厨房中出来,双手举起。另外一个人立即对他进行搜查，同时年轻人大声说："我们已经完全控制了你的住所；你只要回答我们的问题，我们不会伤害这里的任何一个人。"这个人未提及组织的名称。说话时，他使用了与己无关的代词"我们"，表示他是团体的发言人。

入侵者不出声响地来回走动，隔段时间就会让武器发出"咔嗒"的声音，似乎想对农场主产生震慑作用。年轻人好像是领导；一挥手，便招来四个同伙进入房间："我们希望你没在这里藏枪，"他大声说道。

农场主完全懂得这个领导所说话的意思：在危地马拉，人们如果想持械，必须取得军队的许可。如果农场主这样做的话，就是公开表示他对游击队死敌的同情。搜查进行得很不仔细：面带惧色的四个入侵者们走过农场主的妻子和儿女时一步未停。几分钟后，他们向领导汇报搜寻工作没有结果，并等候下一步命令。

这个首领尽管声音语调都很清晰，但看起来焦躁不安，似乎他有重要的事情要说，却又犹豫要不要说。他思索了几秒，给了我观察周围人面部的机会。七个人中，有五个看起来根本不像"印第安人"。他们也不像"外国人"；事实上，他们是混血，可能是任一拉美国家的本地人。

突然，首领问农场主："这个庄园是不是'X'；你是不是唐·'Y'？"这个问题让农场主很惊讶。谈论中的庄园和农场主位于山的另一面，要沿着房子下面唯一一条路行走大约五公里。西班牙名字"唐"的使用也让我大吃一惊。这个称谓通常用于备受尊重的人，而不是一个你用机枪指着的人。在几秒内，年轻首领看起来比开始时还要精疲力尽。显然，在未来还要走至少一天，在吵闹的河岸躲避一个晚上，这并不在计划之中。

首领立刻回应道："你给工人们开多少工资？每周工作几天？"农场主回答，他按照法律规定支付工资，有时给计件工的甚至更多；他还补充说，工人在星期日都不工作；他还提到，工人们都加入了社会保障项目。这个首领突然转向同伴，大声说道："我们要将这件事查清！"

现在六个士兵，手持步枪，朝房子走去；看来只有首领和他的助手（我们最先见到的那个人）拿的是机枪。"去拜访一下牧场！"（庄园中印第安人居住的村落)首领命令士兵们,“15 分钟后回来!”这个部队由助手指挥,沿着一条砌石小路,从农场主的房子跑向工人的村落和咖啡种植园。

我没加入这个游击部队去拜访牧场。后来我发现他们找到管理人员(农场主的助手),向其询问庄园里“工人生活和工作的整体情况”。随后,据管理人员说,有个游击队员向工人问起“老板的态度”。我还得知,“绿色访客”未曾进入工人的房子,也没有同村里的任何女人谈话。最后,我听到一个种植园工头说,游击队员督促工人们向老板要求立即涨工资。

同时,我正在听农场主和游击队首领安静的谈话。前者小心翼翼地回答他的审讯者们的问题:

“你总共有多少公顷土地?”

“120 公顷。”

“有多少是给工人们自己耕种的?”

“没有;他们的工资比法定工资高,而且我通常尽量雇用女工人,这样一来,全家人便可以专心从事咖啡工厂的工作了。”

“你发口粮吗?”

“不发。我不想从工人那里扣钱。让每个人自己解决食品问题更为合理。”

“他们有第七天休息日吗? 有没有年假?”

“有。工人们可以离开庄园去探望家人。我还允许他们的亲戚在庄园里停留固定的几天。”

农场主的回答清晰明确,毫不迟疑,好像他已经知道对方要问什么一样。“我们会调查清楚的!”首领一直重复这句话,并一再看他的手表。

那一小队士兵还没有回来。“为什么时间这么长?”首领大声问。这个问题让气氛更为凝重,也让情境更难以忍受。天上开始下起蒙蒙细雨,游击队员现在正紧张地踩在湿漉漉的草地上。队员们已经感受到首领的焦急,不再那么自信。如果这个牧场有什么差错,我和农场主会有什么下场呢?当这一小队人马到了之后,所有人——包括游击队员们都如释重负。首领离开我们,径直走向他的助手和发言人。他们开始在马路上谈起话来。

突然，我听到了女人的声音。我慢慢地把目光转向我们的看守人，看到了绿色军帽下金黄色的头发——一个女孩正在与另一个看起来像拉丁人的女孩说话。从我站的地方，既听不懂她正在说什么，也猜不出她来自何处。

现在雨下得更大了。几乎同一时间里，入侵者们拉了下衣领；其中还有人大声打了个喷嚏。几分钟后，在发言人的警戒下，首领邀请我们回到厨房。同时，看守士兵仍留在外面。愚蠢的谈话开始了。年轻人好像不耐烦了。他宣布："工人们确认了你们的信息；但很明显，他们所挣的钱不足以维持体面的生活；你们要把日工资涨到 15 格查尔（合 3.5 美元）。"（当时，法定工资为每天 1.5 美元。）

"我常在收获季节给（咖啡）采摘工涨工资；我觉得这个时间对所有人都合适。"

"给他们每天 15 格查尔，这样所有人都可以体面地生活了。"

农场主突然给首领递了支烟。发言人立刻说他也想要一支；躲在潮湿的森林里，不允许经常吸烟。农场主点燃了"绿色访客"的烟，平静地补充道："几年前，我花了一大笔钱重新修葺了庄园；后来又种植了新咖啡作物，这样每个人都可以在这里有份工作。你们听说最近咖啡降价了吗？即便是这样，我也继续经营这个种植园，没有解雇任何人；大家就像大家庭一样生活在一起。"

"但是你要知道，这块地并不属于你；而是属于危地马拉的国民。你是哪里人？"

"我就是危地马拉人，我的祖父是欧洲人，娶了危地马拉的女人。我的父母都是危地马拉人，妻子和儿女也一样。我们都以此为荣！"

"也许吧，但原住民在自己的国家就是外国人，正如你们庄园的情况一样。他们每天工作的咖啡园并不属于他们。我可以告诉你，他们是自己国家的外国人。"

"牧场有许多工人都寄钱给他们的印第安亲属。我常常听说这些印第安亲属在这些钱的帮助下能购买化肥和工具，在高地上过着幸福的生活。"

"西班牙人和外国佬来之前，印第安人不需要钱。他们可以自由地搬迁，那时整个国家都属于他们。但西班牙人和外国佬定居在这里之后，印第安人便受到了不公平的待遇。”

“为此，我竭尽所能要还人们一个体面的生活，尊重法律，提供教育和社会保障，我发誓我尽了最大努力。”

“总有一天你会逃跑的。”

“您想喝点什么吗？我这儿有汽水，请自便！”

农场主指了指冰箱，但没动地方，显然不想让“绿色访客”们觉得他在里面藏有武器。看起来首领正在思考，发言人打开冰箱，拿了两瓶温可乐（庄园里没电），发言人一边大口喝着汽水，一边把另一瓶递给首领，后者继续说道：

“你对邻居们有什么看法？”

“我们见面的机会不如以前那么多了，我的父亲以前经常与邻居聚会，而我不是，如今我要做的是照看庄园，而不是把时间浪费在邻居身上，如果我的咖啡卖不好，我就无法给工人们开工资。”

“但你不是没钱啊，瞧你那辆车，至少要 2 万美元！”

“这是一种投资，没有一辆好车，我就没办法经常来庄园，并好好地经营它，这辆车不是用来到处兜风玩的，而是用于咖啡种植园工作的。瞧，这座房子是木制的，你们也看到了，连冰箱也没开，我连给庄园接电的钱都没有，你们可以参观一下我的房子，我只给亲戚们准备了些床，其他什么都没有。”

“这里的工人什么都没有，总有一天你要把这房子和土地归还给它们的合法所有者，我们要走了！”

首领从厨房出来时，这些“绿色访客”迅速地走向他，与我们保持一定距离，但我明显能看出他们呼吸节奏很快，脸色苍白。我认为，他们在焦急地等待首领的决定：要不要继续赶往“X”庄园——一个先前本要去的咖啡种植园。年轻的首领现在神情严肃，准备发表讲话：

“先生们，我们警告你们，革命已经开始并且势不可挡。”

“我们，作为人民武装组织的盟友，正引导危地马拉人民走向解放。”

"危地马拉人民再也不会忍受那些压制其自由生存意志的势力。"

首领的语气突然转变，我觉得，他讲这番话，既是针对他自己的军队，也是针对农场主们，他正以一种笃定的领导魅力，强化他的地位，并展现出一种无可否认的公众演讲能力。

"我们要让该地区内的所有农场主为工人们涨工资，达到15克查尔，我们还会回来查访的。"

"告诉你们的邻居们，我们曾来向你们发出警告，告诉他们，人民的意愿是不可改变的。"

"记住，我们还会回来的！"

首领慢慢地转过身，盯着咖啡园，好像故意不看我们，然后，他的助手一句话不说把我们请回厨房，用机枪对着房间。

助手沉默了几秒钟，听到召唤他出去的响亮的口哨声，向后退了几步。离开前，这个黑胡子的高个子小声说："不要做蠢事！"

一阵凉爽的风从开放式厨房穿过整个宅子，雨水噼里啪啦地砸在满是锈迹的铁皮屋顶上，老佣人一直在安静地看着，现在开始继续挤桔子汁，给农场主的孩子们做早餐。

过了许久，农场主迅速走上楼，去安慰他的家人，随后他立即乘车以最快的速度来到农场。开车的样子表现出他内心的紧张。

当他在生态村前见到管理员时，似乎又恢复了先前的平静，两人相互问好，就像平日里一样，农场主知道，他不能表现出半点的不确定。

"一切顺利吗？"

"一切顺利。"

"工头哪儿去了？他们现在应该和大伙儿在一起工作了，快点儿！杂草可不等人。"

工人们尽职工作的主动性给我留下了深刻的印象，工人们腰带上别着大砍刀，像往常一样，迅速地走在了通往咖啡园的路上；慢慢地，孩子们去学校里上学；他们的母亲，背着沉重的脏衣服，踱步朝河边走去。

分析评论

农场主故意拖延两个月再把工人们的工资涨到 15 克查尔(合 3.5 美元)。这是否说明他不在乎游击队的命令?

事实上,农场主知道人们在咖啡收获中期之前不会要求涨工资。为什么呢?因为工人们在一年内的特别时期,工资是日常的两倍,换句话说,工人每天采摘两袋咖啡(每袋重 45 至 50 公斤)能赚 12 克查尔(2.70 美元),而平常能挣 6 克查尔(1.35 美元)。游击队到访庄园的时间正是即将开始收获之时,这个事实避开了前者对涨工资的要求。

在这种特别的情境下,农场主知道采摘工们至少在几周之内不会提出涨工资的要求。这解释了他为何在工人面前能表现得如此自信,并且能根据“绿色访客”的要求从容调整工资策略。

但农场主之所以能从这种情境中全然而退,是因为他了解游击队的办事方式,人民武装组织(ORPA)在过去三四年中一直在这个地区活动,有几家庄园都接待过“绿色访客”。农场主有个邻居曾为他详细介绍过 ORPA 从事哪几种活动,以及他们有关“社会”问题的口号和目标,并准备好自己该如何回答。他所提到的庄园工人村的重建,也是在这种情境下作出的决定。在农场主看来,进行这种昂贵的投入是为了在“绿色访客”到来时更好地保护自己,哪怕作用只是一时的。他认为,如果他们知道村里的人们生活条件很好,便不会马上来农场了。当然,这并不能避免此类访查最终的到来。事实也是如此,但同时,农场主赢得了充分的时间为这一“最终情况”做准备,我认为,他的这种未雨绸缪意识在以后事态的和平发展中起到了决定性的作用。

但是,值得一提的是,ORPA 是危地马拉大环境中一个不同寻常的游击队组织。与高地上活跃的其他兄弟组织相反,ORPA 不寻求吸收当地民众参加武装斗争。很明显,游击队员不去损坏庄园内的生产设施,也不破坏咖啡园或咖啡工厂。“绿色访客”也从不号召工人举行罢工，目前他们的政策局限于说服工人们积极维护合法权利，免受其老板的剥削。ORPA 的策略还包括在未来社会中赋予印第安人中心角色。从这种意义上讲，“革命”意味着回归西班牙人入侵之前的社会秩序，最后一点很让人惊奇，因为，科斯塔库卡的大部分居民都是混血，他们并不认同印第安人的身份。对于农场主们来说，这意味着游击队关注印第安人大部分出于“机会主义”思想，他们坚信一旦土地落到这些“绿色访客”手中，就永远不会分配给印第安人。但是这个消息，让这些外裔农场主(德国人居多)颇为担心。

最后，游击队员们还清楚地知道，科斯塔库卡农场主的经济条件远不如其他地区，前面也提到过，该地区的庄园面积不大，多数农场主都未加入该国的垄断网络，换言之，科斯塔库卡的农场主们只能依赖自己和他们的农场，以确保其生计。由于缺少经济条件和外部支持，他们无法用武力抵抗“绿色访客”。在这些因素的影响下，他们被迫加大对工人需求的关注。权力的天平并未倾向于他们，这带来了谈判的可能性。“绿色访客”深知自身的优势，并不急于一时，他们在这片土地上来来往往，对农场主施加稳定而持久的压力。而后者从长期来看，只能同意对方的要求，除非他们能像这位农场主一样预计到劳工的需求。

无论如何，我们的农场主与 1985 年 8 月拜访他的“绿色访客”之间的谈判在几年之前就已经以一种谨慎、间接的方式开始了。农场主重新建造农场，给工人支付法定最低工资，以此应付来自对方的威胁，这样的做法还推迟了他们造访种植园的时间。同样，他还积累了足够的理由，来应对逃不掉的正面交锋。农场主知道与“绿色访客”交锋和谈判中对方将要提出的问题，这一点非常关键，这挽救了他自己的性命，也维护了农场上的社会和平。

尾声

该地区不久便传出这样一条消息：“绿色访客”从未抵达他们最初想去的庄园“X”。据说，在上文描述的查访发生后，“X”庄园原本较低的工资马上增加了。游击队是否因为计划暴露而改变了计划呢？也许游击队巧妙地利用了传言的作用，早就知道近期不用拜访这一带的其他庄园了。

此处描述的庄园的地理位置，让后一种解释更站得住脚。在实际生活中，许多司机和种植园工人在踏上横跨科斯塔库卡偏远地区最难走的路段之前，都要在这个庄园的小酒吧里稍作停留。因此，游击队造访此地很快就成为工人、旅行者们口中的常见话题，此外，吧保向顾客们反复讲述他们的传奇经历，随着人们路过庄园，游击队的造访在这一带可谓众所周知了——其中包括那些农场主们。随着时间的推移，传言起了作用。

编者点评

这场谈判发生在权力分配不平衡引发的不确定情形之下。游击队的行为很难预见，因此，农场主为了防止对方实施任何暴力行为（尤其是在游击队员处于紧张状态下），必须对双方关系用心管理。双方巨大的意识形态差异、利益冲突以及紧张心理都需要细心的压力管理。农场主可以预见"绿色访客"的到来并提前做好准备。

交易条件来自于各种形式的威胁，如一方持枪传达命令，另一方用语言平息。可能的结果有很多。根据农场主的预计，他面临的可能只是命令、侮辱和警告，但也有可能他和家人会为此赔上性命。在案例中，他形成了一个最理想的解决办法。

第八篇
文化问题与身份

28

餐厅里的争执

兰布罗斯·阿纳诺托普洛斯(Lambros Anagnostopoulos)

在希腊,如果你请别人出去吃饭,便意味着你请客,但每当两个或更多的人一起在餐厅吃饭时,大家都会抢着埋单,没人愿意让别人掏钱,("是我请你出来的。""对,但是我升职了。""没错,但上一次是你请的,还花了不少钱。"等等)。最后,只有最厉害的人胜出,其他人都只能退让。(这是怎样一种胜利啊!)每当你出去吃饭时,都知道会发生这种情况,你期待着,而且说心里话,这么多年以来,你乐此不疲,就像一场游戏一样。

但这里不是希腊,这里的人们也大为不同。前几天,我请几个朋友出去吃饭。他们(两个美国人和两对日本夫妇)以前曾在家里请过我,而我又不会做饭,我只有请他们到家里喝点什么,然后出去吃个饭。尽管我告诉他们,出去吃饭是因为我不会做饭,但并未明确地说将由我来埋单。我觉得这样说太繁琐,也不想让他们感到不好意思,如果我提付钱的事,他们会认为我是想让他们拒绝或期待他们坚持自己付钱,因为希腊人就是这样,或者至少会被看作是提前警告大家不要吃太多或点太贵的食物。

晚餐还不错,随后账单送来了。服务员将账单给我,我把信用卡递给她,所有的朋友立刻问我他们那一份是多少,我告诉他们这次我请客,能与他们共进晚餐我感到很高兴,但是他们坚持要付自己的那份(直到这时一切都还正常,“游戏”正在上演)。我仍然坚持己见。美国人几次要求后没有结果,无法让我改变,于是只好感谢我的盛情款待,在希腊,当有人通过对盛情款待表示感谢,承认“失败”之后,“赢家”通常不会继续这个游戏,免得对方难堪。我觉得这场游戏结束了,转向了其他话题。

出乎意料的是,日本夫妇并没有放弃。实际上,他们已经从钱包里取出钱来,准备递给我,我又一次解释了为什么这次该我请客,并告诉他们我绝不会要他们的钱。当时,我态度很认真,希望结束这场游戏,他们好像没听懂我的话,还说如果我不收他们的钱,他们的妻子(在场)会很不高兴。同样,他们也很严肃。我该如何是好呢?这还是场游戏吗,加长版的游戏,还是认真的?无论是哪种情况,我都不能收下这钱,因为这样会让美国朋友难堪。于是,我又一次拒绝了。这两对夫妇看起来生气了,彼此之间开始用日语交谈(平时他们出于对旁人的尊重很少在不讲日语的人面前这样做)。我最不想看到的就是因为这顿饭破坏了我们之间的关系。

这种状况持续了十分钟,美国人不说话了,而我正为了晚餐的账单与四个日本人对峙。事实上,我现在既害怕又有些恐慌,害怕是因为不知这件事会如何收场,恐慌是因为不知道该做点什么。后来,一个日本人把他的钱放在我的碟子旁边,这样一来,迫使美国人又一次地拿出了钱包。

在希腊,事态几乎不可能发展到这一步。如果真的发生了,处于我的位置的人也不会同意分摊费用,绝对不会。有人曾说,这样的情境会破坏人们之间的关系,让关系中充满敌意。(“他想证明什么呢?是不是想证明他有钱付我的饭钱?我决不会接受他的钱!”)从本质上讲,这就等于说,两个人都很高傲,不愿显得比对方穷。但现在显然不是这种情况,那究竟是怎么一回事呢?

至此,我已经尝试了无数个理由,用来解释为什么该由我付钱,但一点用都没有。他们的妻子仍会“不高兴”。最后,我采用了“逃脱”技巧,“下次你们付钱。”(在希腊,这句话可以解释为“让我休息下,闭嘴。”但双方都知道,即便有下次,还会发生一样的事情。)他们用日语交谈了几句,让我吃惊的是,他们略带犹豫地同意了。我之所以感到惊讶,是因为在希腊没有人会真正接受“逃脱”理由，除非他们一开始就没打算出钱，这显然不适用于这里的情况。

分析评论

到底发生了什么？当时我有两件事弄不明白。第一件，有关声明立场的一般问题。他们宣布要自己付钱时，并不想让步。（我也一样。）这件事虽小，但我们都坚持履行自己当初所说的话，而且不愿意退后一步。唯一的解决办法就是找到一个合乎我们双方言论的途径，最后的协议就做到了这一点：我们双方都付钱，只不过他们换作下次再付。我们都试图证明对方是错的，这种讨论是不可能有结果的。

第二便是文化问题。在那以前，我不知道日本人从不食言。对于他们来说，让他们答应说“好，我们同意，你请客”是不符合其文化的。但他们也不愿为了一张账单争得面红耳赤，也在寻求一个解决方法。我提出的另外一个方法（即便只是在未来发生的方法）就给了他们一个退路。（当“争斗”进行到这一阶段时，如果对希腊的“对手”提出“下一次”的建议，便意味着极大的侮辱。“你以为我傻还是怎么样？你下次请吧！”）

注：我仍不清楚，在日本，人们是不是也玩这种“账单游戏”。但美国人看似不会这样：在美国，第一个坚持提出要求的人即为赢家。根据我最近的经历，在英国，所有人都特别愿意由别人埋单。

编者点评

这个故事展示了带有不同观点和利益的各方所进行的一场真实谈判，而且谈判必须达成协议。故事背后体现了为了达成该协议必须建立交易条件。这些条件必须加以明确，然后它们的意义必须被接受。一方面，一个人想通过埋单发挥其作为主人的特权;另一方面,人们在关心保全颜面。

为了达到这个目标,文化问题成为主要问题,在希腊文化中,这个游戏很容易理解,目的可以预计,发出邀请的一方为客人埋单。在美国文化中,隐含信息与此不同:最执意付款的人最终会胜出。与日本人的交往给我们提供了一种第三方的观点,他们认为,无论作为主人还是客人,他们都应付钱。此外,为了增强说服力,他们还把另外一方——他们的妻子引入讨论之中。

只有当日本人的公平感得到满足后才有可能达成协议。这使我们又一次饶有兴趣地发现,唯一可以改变日本人态度的理由,在希腊人看来是绝对不能接受的。也许地点也起到了重要作用。在某些文化中,与主人家里相比,餐厅可能被视为更为“中立”的场所。于是他人执意要出钱的情况可能增加。

29

国外亲身经历

佛朗西斯·邓(Francis Deng)

下面这件事发生在我，一个苏丹丁卡族人在美国耶鲁法学院完成博士论文期间，当时我刚同意接受联合国秘书处人权部门的聘用。我结识了艾娜·卡斯特尔(Etna Castle)，并与她成为好友。她与家人住在纽黑文(New Haven)郊区，周围几乎都是白人。

有一次卡斯特尔一家要外出度假，请我给他们看家，正好为我提供了一个招待同为丁卡人的阿姆布洛斯·昂(Ambrose Ahang)的机会，他与他的美国妻子玛丽(Mary)带着一个小男孩正准备在从印第安纳去往苏丹的途中来拜访我。在卡斯特尔家中这段时间，我经历了在美国这么多年所见到的最公然的种族仇恨事件。

卡斯特尔家隔壁住着一位意大利裔美国音乐家与他的家人们。他们的住宅看起来富丽堂皇，草坪也维护得很好。他们的小孩子一开始非常友善。当我们刚搬进来时，孩子们会过来，带着好奇心与我们进行友善的谈话。例如，他们会走到玛丽跟前，问她为什么她的宝宝是黑色的而她是白色的。她告诉他们，那是因为宝宝的爸爸是黑色的。

一天清晨，他们来找我，当时我正穿着白色的苏丹长袍(jalabiya)。一个孩子问:“请问，你是人还是天使啊?”我笑了，告诉他们我是人。“是男的还是女的?"她问。我说我是男的。我们的对话很实事求是,这多数是出于他们的好奇心,纯真无邪。

但这种天真的探索却突然停止了。除了受到他们父亲态度的影响之外,我们想不出其他原因来解释这种事态发展。他们的父亲大概50岁左右,中等个子,非常严肃。他常在花园里,显得尖刻而充满敌意,有时还会听到他因孩子来我们这边而大加斥责的声音。他曾当着我们的面,用大得足以让我听到的声音,告诉他们绝不能再来找我们。"共产主义者应该被枪毙,不要跟他们说话。"这句话太奇怪了,尽管它明显是针对我们的,但我们从来不认为这真的是对我们说的。孩子们突然不来了,即使距离很近也不跟我们说话了。他们只会来到我们身旁,走近我们,但不说话,只是盯着看,眼中带着好奇和恐惧。

事情还不止这些,即便在阿姆布洛斯和玛丽离开之后,如果有人来访,开进车道上,我的这位邻居就会警惕地站在一旁,看着这辆车。如果有人或是什么东西胆敢碰一下他的草坪,哪怕是一个边,他就会大喊大叫,让那个人从草坪上滚开,如果来访的人碰巧把车停在路边,我的这位邻居会打电话报警,说附近有一辆不明车辆,意思是让他们警惕入室盗窃之事。如果我在家中举行派对或小型聚会,他也会报警,说我们声音太吵,打扰了邻居。

这样我的邻居好像还不满足,他经常给我家打电话,当我接起电话时,他要么挂断,要么保持一种可怕的沉默,我的耳边唯有他那沉重、可憎的喘息声。

我去警察局投诉;不仅没有取得什么帮助,还被一些冗长且耗时的手续、警察的粗暴无礼弄得心情沮丧,他们让我觉得我好像在无理取闹,浪费他们的时间。最后,我被告知,没有什么解决办法,当然,我可以递送起诉书,但没人知道这需要多久,也不知道最终的结果是什么。我这个法律博士生当时也感到很无助。因为我知道,这其中涉及的远不止法律这么简单。

我想和这个人谈话,但我所有的朋友(几乎都是白人)都强烈反对这个主意。他们说,他是个顽固派,同他谈话对我来说只会是一次更痛苦的经历,什么也解决不了。所以,我便只能忍气吞声。有的朋友劝我离开这里,但我拒绝这样做，因为我已经答应卡斯特尔一家帮他们照看房子了。而且，我也无法接受这种道德上的打击。我不能相信，发生的这一切真的是因为种族原因，我无法相信，一个根本不了解我的人会仅仅因为我是个异族人就对我恨之入骨。我渴望探究背后的真正原因，万一有其他我没意识到的原因，或是有什么可以改正的呢。但我的朋友们不约而同地认为，我不应该再蹚这摊浑水了。

尽管我遭遇了邻居的种族仇恨以及警察的漠然甚至不人道的对待，但在种族立场上我丝毫没有怨恨之情，只不过是对参与的个人有些愤慨。我甚至不愿将邻居这种公然的种族主义态度看成是种族主义的表现。我更倾向于认为这是出于他个人的怨恨、敌意、残酷，甚至他对他的家人也是一样，而他表现在种族上的敌意也只是他个性的一部分。如今回想起来，那时的我丝毫不怀有种族仇恨或敌意，更讽刺的是，正是这种态度给了我力量，让我与在留美生活中所经历的最痛苦遭遇抗争并幸存下来。

卡斯特尔回到家后，我便搬回了原先的公寓，内心为我没能深入探究与邻居的关系状态而感到一丝懊悔。当然，我向卡斯特尔一家说起了这件事，他们只是说他们与这个人从不交往，总听到他大喊大叫，对他的家人也很凶。他们认同我朋友的看法，即没必要同他理论，因为他这种态度，任何人也别想取得什么成果。

我搬回去几周后，骑着卡斯特尔家借我的自行车去拜访他们。当我经过车道向房子后面的车库骑去时，看到那个邻居一个人坐在花园里。这是个阳光明媚的好天气。当我从车库向房子方向走去时，突然觉得应该和他说句话(尽管所有人都建议我不要这样做)。我向他走过去，站在他面前，说："我能跟您谈谈吗?"

"你想做什么?"他的声音和架势都表明他并不欢迎我。

我决定坚持一下："可能要占用您一些时间。我可以坐下吗?"

"坐吧。"他板着脸让了一步。

"您能不能告诉我，我做错了什么让您用那样的方式对待我?"

他立即辩解道："如果你认为我有偏见，那你就错了。如果你来我家，你会看到墙上挂着许多黑人音乐家的照片。其中有几位还是我非常要好的朋友。”接下来，他解释了为何要与我对立，“但我反对一件事，那就是种族通婚。你们难道不以自己的民族为荣吗？我是个虔诚的天主教徒，我相信上帝，也尊重上帝的创造。上帝创造了不同的民族，而人类更改上帝创造的做法是不对的。我是个意大利人，我以意大利人和天主教徒的身份为荣。我会为有钱的犹太人和清教徒演奏，但演出之后我会马上回到我的人们中间——回到天主教徒和意大利裔美国人中间。”

听到他这样说，让我感到一种释然，原来我一直经历的是教条主义，这对我的道德和智力地位并未构成巨大威胁，他的极端主义让我处于一个优势地位，力求帮助他而不是保护我自己。所以我放松下来，以一种近乎主人似的方式与他交涉。

“当然，您知道我没结婚呢，是吧？”我话里的细节几乎有些琐碎。

“我知道你没有结婚，”他说，“但你招待了一个娶了白人女孩的黑人。这对我来说意味着你赞同种族通婚。”

我的回答更具体了，不过也更带有帮助的口吻：“你说你是天主教的笃信者。我也是天主教徒。记得《圣经》中提倡一个原则，那就是为需要的人提供食宿。您这样说，是不是表示您把反对通婚看得比违反天主教教义还重要，比为需要的人提供食宿更重要呢？”

“别告诉我你的朋友是个穷困潦倒的人，”他说，“我对你们两个都有所了解。你是一个攻读博士学位的法学学生，而他是印第安纳大学毕业的，现在是个大学教授了。他并不穷也不需要你提供食宿。”

“但同样道理，天主教的信仰教导我们对我们人类同胞们要遵守许多行为准则。通婚的问题有这么重要吗，让你抛弃所有对待邻居和人类同胞的道义原则？”

“是这样，我说过，我认为种族是上帝的创造，而我们不应该扰乱上帝的造化。”

“我有个叔叔。”我说，“他是个天才，常在班级里名列前茅，即便跳级后也一样。正当他即将从一所著名的意大利医学院毕业时，一场车祸夺去了他的生命，他一直坚持应该与本族人结婚。虽然他很西化，在国外生活多年，但他一直坚持认为他应该回去娶个本民族的人。”

“你的那位叔叔一定会与我成为朋友的。”他插了一句。

“事实上，他不是特例。”我继续说，“我们的同胞大多也这样想。其实世界上大多数人也是一样。只不过一小部分人会做与之相反的事。与大量认同本族内婚姻的人相比，通婚只是极少数的特例。所以，你认为人们应该在本族群内结婚是完全正确的，这是一种常规。”

建立了一致意见之后，我以此为基础随即引出了自己的想法：“但是，有一点我与你看法不同，这种常规反映了人们彼此相隔绝时代的情况，那时不仅跨国界见面和结婚的机会很少，还存在着个人与本种族分离和隔绝的危险。这种情况如今正迅速改变。”

“人们正在跨越各种障碍聚集混合在一起。当个人遇到这种融合集体时，便无法控制自己的感情了。爱情无边界，尤其当人们能够超越这些界线彼此互相理解的时候更是如此。这并不是说这样很容易或人们喜欢这种结果，这只是我们变化着的世界中的一个事实，随着种族间的联系日益扩展，通婚的情况将不断增加。”

当然我的话并不会对他起多大作用，但他听得非常认真、耐心。“这是你的意见，我当然不敢苟同，祈求上帝我们的世界不会如此堕落下去。”

我回到刚才的说教：“所以，如果你对未来现实不采取灵活的态度，你一定会与其发生碰撞摩擦并最终伤害到自己。对于一些发展态势，我们只能预计而无法控制。站在不可抵挡的洪流前只能使自己淹没其中。比如说，你告诉你的孩子，共产主义者只能被枪毙，而不能交谈。因为我们是黑人就把我们称为共产主义者。当你的孩子们长大了，他们一定会懂得，黑人不一定就是共产主义者。那么你觉得，他们会怎么看你所教给他们的东西呢？你的可信度就没了。”

在这个问题上，他有一种强烈的、坚定的观点，他用修辞提问：“你是不是想告诉我，这个国家的民权运动没有共产主义者的渗透？”

“我没这个意思，而且对你们的民权形势也不是很了解，无权进行评价。

我想说的是，我不是共产主义者，假如共产主义者掌握了我们两个国家——美国和苏丹，我相信仅凭我们家在当前体制下的立场，我受到的负面影响会比你小。”

到目前为止，我们虽然没有达成一致意见，但我们讨论的态度很友好，几乎看不出彼此的敌意，只是明白我们真的是意见不一而已。

“回到刚才的话题，你认为与人际关系的其他原则相比，通不通婚到底有多重要。你是否知道，每次你报警后，警察来了发现真相后还要向我道歉？就这样难道不足以说明你对我太苛刻了吗？你的理由并没有十足的依据，至少对警察来说是这样。”

他又一次看似坚信自己的立场：“如果你认为他们站在你那一边，那你就错了。有许多伪自由主义者，给黑人一种错觉，还认为他们是黑人的支持者呢——我告诉你吧，所有的警察都不会把真实想法告诉你，实际上他们不仅与我意见一致，而且有的人甚至比我还气愤呢！不要让他们的道歉把你蒙蔽了。这只是假面具而已。”

他现在的讲话态度仿佛是对我的天真表示同情，同情我竟看不出对我们种族的强烈仇恨。也许他认为，如果我是如此天真，那么我可能没那么坏，当然也不会是个共产主义者。他竟然对我表现出友好态度。

“让我把你介绍给我的家人吧。”他说着便叫来了他的妻子和儿女。见过面后，他问我是否愿意喝杯茶或是咖啡。我们已经谈了一个多小时了，我感觉不能再逗留了，于是谢过这家人，在走之前还不忘说句结束语：

“我想请你帮我个大忙。”

“没问题，什么事？”

“下次遇到类似情况，请您给自己和对方交流和接触的机会，而不是将其拒之门外，恶意相待，好吗？至少通过这个机会，你和对方能够了解彼此所持的观点，还会发现他可能会被你的观点说服，或者他的观点也有些道理。无论是哪种情况，这都将促进理解，减少紧张和敌意。”

对此他既没有答应，但也没反对。我们似乎达成了无言的协议。其他各点我们的意见不一，但我们之间形成了一种互相理解的精神和尊重对方观点的意识，我知道，他还是个顽固派，他也可能把我看成一个爱做梦的知识分子，离开时我们相互握手，面带微笑。离开时，我为自己能忽略所有人对我不要与他谈话的建议而感到自豪。促使我做出这一行为的动力来自于我对社会价值的笃信，这一信念因此更加光彩焕发了。

编者点评

作者描述了一个解决问题的方法。通过这种互动，双方对局势的现实情况有了更为深刻的理解。任何一方都没能说服对方，但却构建了一个小型的协议。交易如下：作者接近意大利邻居，由此迈出了第一步。意大利邻居似乎已经同意了他的建议，即在未来出现类似情况时要在采取强制措施前先彼此沟通。而且他不再像以前那么具有进攻性了。

该问题的另外一个有趣的层面是，在声明的立场背后根本利害关系是什么？是身份问题还是由宗教产生的信仰问题？这两个问题是一个人在冲突情景中所能遇到的最为棘手的问题。

30

性欲旺盛的丈夫与专横跋扈的婆婆

M. 法乌尔(M. Faour)

萨米亚(Samia)是个 17 岁的女孩,嫁给了 20 岁的汉尼(Hani)。他们两人都是什叶派穆斯林,住在黎巴嫩市区的公婆家。两人基本不识字,都来自底层家庭。汉尼在当地建筑公司做重型机械操作员。工作三年后,他的父母觉得他赚的钱足够建立自己的家庭了,所以,他的妈妈便开始为他物色合适的新娘:一个十几岁的漂亮姑娘,出身卑微,习惯做家务活,愿意与家人住在同一屋檐下。从她确定的几个人选中,这位母亲选中了萨米娅做未来的新娘。

她将此事告诉了儿子,说萨米娅与他非常般配:"漂亮,谦虚,可塑性强。她的嘴是用来吃饭的,不是用来谈话的。"(也就是说,她胆小羞怯,不愿说话。)对汉尼来说,一个好的妻子必须完全服从于他,在他回家后要想尽办法让他开心。性生活就像食物一样,是他日常的基本要求,妻子应该能满足他的这种要求。他相信萨米娅能成为他心目中的妻子,于是便接受了这桩婚事。

萨米娅 12 岁便辍学在家,承担了大部分的家务,她希望通过婚姻摆脱家里这种贫困、艰难的生活。受埃及爱情电影的深刻影响,她把婚姻想象成提供人身和经济保障的安全港湾,充满着温情与呵护。亲密感就意味着深爱自己的丈夫吟诵着爱情诗句和歌谣。

在萨米娅的家里，性属于禁忌话题。在她有限的知识储备中，更是缺少基本的性教育。只不过从长辈那里听来些内容，对这个主题形成了一种模糊而幼稚的概念。她在出嫁前一天，第一次接受了信息详实的教育，是她已出嫁的姐姐对她讲的。姐姐给她讲了性交的过程，这让萨米娅内心充满矛盾。她在以往的社交中避免与男性交往，所以对即将到来的性体验深感不安。最让她忧虑的是姐姐对第一次性交伴随的疼痛的描述。

结婚当晚，萨米娅精神紧张，她所担心的事都发生了。性行为让她疼痛难忍，时间也比想象中要长。第二天，她不想做爱，但汉尼已经计划了一个以性爱为主的蜜月，她不想让汉尼失望。她从来也没想到，一个丈夫的日常需要除了食物还有性。

几天后，萨米娅搬去与公婆和汉尼的两个未婚妹妹同住。她刚到，婆婆就对她说了这些话：

> 欢迎来到我们家，现在这个家也是你的家了。哦，我的新娘，看到你能接管这个家，我是多么开心啊！我老了，应该放松一下了。

为了让萨米娅接替她的任务，这位婆婆带她转了一圈，把她介绍给附近卖食品、衣服和日用品的店主们。在接下来的几天里，她教媳妇如何为每位家庭成员准备他们喜欢吃的饭菜。

萨米娅的日常生活既枯燥无味，又让她筋疲力尽。她很早便起床，为汉尼及其家人准备早餐。汉尼外出工作时，她要去买水果、肉和其他家庭用品。做饭是每天的必修课，同时还要受婆婆的监督，忍受她的批评和指责。中午，汉尼回家，一家人一起吃饭。一个小时后，汉尼又去上班了，萨米娅这时又要自己一个人洗碗。下午的时间则用来整理房间，尤其是从邻居们习惯于在每天下午突然来访之后。

萨米娅尽管累得筋疲力尽，但还要被迫满足丈夫的性需求，这样才算完成了一天的工作。无论萨米娅的身体和心理状态如何，汉尼总是要求与她做爱，而萨米娅又不好意思拒绝。她偶尔会抱怨繁重的家务活让她身体疼痛，但汉尼对她的痛处总是置若罔闻，他认为，随着日子一天天过去，总有一天她会适应并接受这种新生活。

不久之后，萨米娅开始忽略汉尼的性需求，躺在床上就睡着了，汉尼连续容忍了她三个晚上。第四天晚上，他终于大发雷霆，破口大骂，并强压在她身上。萨米娅反抗，他就威胁着要打她，说："不满足丈夫性需求的妻子就是对抗者(namrudeh——黎巴嫩方言)。这样的妻子就要打。"第二天，发生了同样的事，但这次萨米娅第一次尝到了被汉尼一顿苦打的滋味。她大声呼救，但婆家没有一个人愿意回应。

萨米娅终于体会到婚姻生活的后果，开始向母亲抱怨家务活如何繁重，以及丈夫如何虐待她。她还向两个最要好的朋友、一个出嫁的姐姐和一个女邻居详细地描述了自己婚姻生活的不幸，还向其透露了性生活的细节。与邻居谈话时，她对自己的内心世界做了生动的表述：

> 我丈夫的心像石头一样冷酷无情，不懂怜悯，只在乎他的胃和那个东西(即男性性器官)。我婆婆又刻薄又冷酷，把我当奴隶一样使唤。而且，她对我的清洁工作和做的饭永远都不满意。

萨米娅的痛苦与日俱增，因此她先请求母亲和姐姐替她出面，要么减轻她所受到的虐待，要么说服汉尼和她离婚。但两人都很坚定；姐姐详细描述了她的性生活，解释说丈夫拥有过性生活的权力，并警告萨米娅不和丈夫上床将会导致什么样的后果。她还用格言来支持自己的立场。

> 丈夫是妻子头上的冠冕。即便丈夫一文不值，也总比没有强。俗话说："家里有男人，即便像块煤(即又老又无能)，也是幸运的。"别亲手破坏你们的家庭(即婚后的家庭)。如果一个丈夫不能随心所欲地与妻子做爱，那他就会到外面去找妓女。这是你所期望的吗？还要记住，按照法律规定，他有权利再娶一个妻子。

她补充说，找妓女的男人可能会染病，和妻子睡觉后，又可能把病传染给妻子。萨米娅母亲回忆说，萨米娅的父亲就曾经因遭到拒绝而去找妓女，这让萨米娅非常震惊。后来，她的父亲染上了梅毒，又把这种病传染给她的母亲。幸运的是，医生把他们的病治好了。至于家务活，母亲建议女儿礼貌地请求婆婆的帮助。

萨米娅无法从婆婆那里取得任何实质性的帮助，汉尼也无法理解为什么她每天都抱怨一点力气也没有，他说，"你这么年轻就干不了家中日常的家务活儿，那等到了妈妈这种年纪，你还能做什么？别再演戏了。在我们家族中，历来女人都会干比你还要繁重的工作。"汉尼的回答更助长了她的怒气，又给了她一个拒绝他每天性需求并仇恨他的理由。不久，萨米娅与婆婆之间关于家务事的争执成了家常便饭，而她与汉尼之间也经常发生口角，汉尼也经常对萨米娅大打出手。她日渐苍白、消瘦，时常急躁不安，生活越发不可忍受了。

她身体上和心理上的衰弱显而易见。有一天，她最亲近的朋友和邻居前来拜访时，深为她惋惜，于是建议她去找一位有名的邻居阿贾·阿里。萨米娅无法让母亲和姐姐相信她真的十分痛苦，只好决定采纳朋友的建议。

65岁的阿里心地善良，学识渊博。他是这个街区的区长(mukhtar)，由于良好的人品和一直以来值得称赞的行为，深受居民的尊敬与信任。听萨米娅叙述了她一连串的遭遇之后，他同意在萨米娅与丈夫、婆家之间进行调解，并让萨米娅先待在他家，等他拜访了汉尼及其父母之后再回去。

区长的来访受到了汉尼一家的热情欢迎。区长开始询问争执一事，听取丈夫这方讲述的故事。萨米娅的婆家对萨米娅这种不断对汉尼丧失兴趣的"不负责任的行为"颇为恼火，但承认她在家中确实干活卖力。随后阿里对婆婆虐待萨米娅的行为表示气愤与失望，他说：

> 你对待这孩子的方式，与Jahiliyya(即前伊斯兰时期)时代对待奴隶的方式一样。如果她是你的女儿，你的亲生骨肉，你还会这样对她吗？

> 你知道，真主是伟大的，能看到我们弱小的人类做出的每个举动。真主可能通过各种方式惩罚你，比如，让你的女儿珐蒂玛(Fatima)嫁给一个残酷的男人，这样你的余生将在痛苦和愤怒中度过。要对真主保有敬畏之心，减轻这个可怜的女孩每天所经受的打击。我并不是让你们承担所有的家务，只是要帮她一把。

婆婆听了阿里的话，深受感动，开始哭了起来，说她对萨米娅并无恶意。她说，她的目的只是想训练并约束她，家里的生活条件并不宽松，萨米娅必须习惯这种艰苦的生活。然后，婆婆答应阿里，一定多帮帮萨米娅。但他们拜托阿里不要让萨米娅以为她以后就再也不用做家务了。

阿贾·阿里要求与汉尼单独谈话。当房间里只剩下他们两人时，阿里问汉尼是否曾打骂过他的妻子。汉尼承认做过，但告诉阿里，他只有当妻子表现出不敬和对他的感觉和自然反应(即性冲动)有矛盾情绪时，才会变得有侵略性。调解人如此回答：

> 对于这样漂亮的女人，一个爱你、不惜从早到晚挥汗如雨来让你和你的父母高兴的女人，你怎么能下得了手呢？难道不知道这样的暴力行为会让真主不高兴吗？《古兰经》指示我们要“与她们(即妻子们)高贵地结合”(Ⅳ,23)。让我给你讲一个穆罕默德的故事。穆罕默德谈到了几项禁止的行为，其中包括辱骂和掌嘴。你的妻子不是受你随意摆布的机器。她是一个人，一个值得你友好对待的人。

汉尼虽然感到抱歉，但仍然说他无法容忍妻子这种目中无人的行为。阿里同意汉尼的观点，认为妻子必须服从丈夫，并满足他的性欲，但一个丈夫必须疼爱自己的妻子。他建议汉尼带萨米娅出去旅行、野餐，给她买条漂亮的裙子。阿贾·阿里认为，汉尼首先要做的是为妻子创造一种浪漫的情调，然后慢慢教她如何享受性爱。性爱不是妻子像妓女一样应逆来顺受承担的责任。汉尼认错了，答应按照他的建议执行。

在汉尼和他的父母郑重发誓后，阿里便回家去见正在那里等候的萨米娅。他告诉萨米娅，汉尼和他的父母对她丧失对丈夫的兴趣这种“不负责任的行为”感到很失望。

但阿贾·阿里称他已经让他们接受了萨米娅的一些合理要求，比如婆婆提供些许帮助，汉尼对她每天的身心疲惫表示理解。他把汉尼和父母的承诺传达给萨米娅：他们承诺只要她履行婚姻和家庭职责，他们便会善待她；她丈夫同意每隔一天做爱而不是一天一次；公婆想让阿贾告诉萨米娅，所有的家务都由萨米娅负责，这点她要理解，但他们会为她提供帮助。

阿贾·阿里详细说明了调解协议的条件后，又给了萨米娅一些建议，以解决其与婆婆和丈夫的关系问题。为了既让婆婆参与家务又让她满意，最好以谨慎的方式要求婆婆帮忙。比如，萨米娅可以请婆婆在她煮的食物上添加一些祝福(baraka)。这样可以让她帮忙做饭、搅拌、添加调味料等。萨米娅还可以在买某些物品时通过征求她的意见请她一同购买日常生活用品，至少可以偶尔这样做。另外一种方式，她可以告诉婆婆那些她曾经打交道的店主们都想念她可爱的面庞了。

在与汉尼的关系方面，区长建议萨米娅对他表示爱意与尊重，避免在床上拒绝他的要求。另外，双方同意情况下的性交(halal)是快乐的源泉。阿里建议她在感觉筋疲力尽时，可以找些其他事情将汉尼的注意力从做爱方面转移。他建议萨米娅引导汉尼参加与性无关的活动，如看电视、参加足球赛等。他还建议萨米娅与汉尼共同参与一些社会活动，如一同散步，并多与亲戚、朋友、邻居交往。此外，区长说他确信如果她生了第一个孩子，尤其当这个孩子是男孩时，汉尼和公婆们一定会对她百般关爱的。

萨米娅接受了和解建议，并感谢阿贾·阿里在调解她家婚姻关系、提供明智建议时做出的诚挚努力。阿里把萨米娅送回婆家。人们以酒食庆祝。十个月后，汉尼与萨米娅生了第一个孩子，一个女孩儿。

虽然这个故事到此结束了，但人们大概会猜想，新的婚后冲突是否正在酝酿？

编者点评

故事中包含了三方面的调解，第三方在调解中进行了三次内容不同的谈话，每次谈话都建立在特别的框架基础上。第三方在发言时还借助上帝和伊斯兰教的教规，来更改对情况以及争执三方行为的整体看法。过程中，他结合运用了胡萝卜和大棒策略，利用对真主的敬畏来规劝行为过于粗暴的人，利用愧疚感引导各方向更为良善的方向努力。

第九篇
第三方的干预与调解

31

新几内亚高地的和平谈判

威廉·于里(William Ury)

以下内容节选自对一位名为卢的老者有关和平谈判的采访。

“下面这个故事是我的父亲(他现在仍然健在)给我讲述的。在我们的相邻部落里有一个人死了,死因经查是被他人下了毒,另外一个一直与我们为敌的部落指责是我们杀了那个人。我们的部落对这种指责加以否认,但是相邻部落并不相信,于是开始了一场战争。

他们不应指责我们,因为从伤亡人数中显而易见。尽管他们的人数是我们的两倍,但是他们一直有许多人死亡,而我们部落中没有一个人死亡。死去的人并没有得到他想要的复仇。他肯定知道,应对此事负责的并不是我们部落。

这场战争持续了一年多。他们成功地将我们击败,并把我们赶出了我们的土地。他们烧毁了我们的房子,破坏了我们的篱笆。女人们一把抓起孩子和所有能够带走的东西到另外一个部落里避难。而男人们则逃跑了,不得不用一些挡板搭造了临时的房子。没有种植的植物可以吃,只能靠野生植物为生。

随后,另外一个部落对这件事加以干涉。他们虽说是正在袭击我们的部落的联盟,但并没有代表那个部落参与战争。他们是中立者,不管从社会角度还是地理角度来说，他们都处于中间位置。

这个中立部落告诉我们的进攻者：‘再好好考虑一下是谁毒死了你们的人。’我们的进攻者只能同意。他们回想起那个一开始指责我们的敌对部落，所以我们的进攻者听从了建议停止了战争。

停战时他们砍下了一棵树，并把这棵树放在了从他们的土地经过中立部落的土地到我们这里的路上。他们把树干挂在两棵树的中间，并在上面挂了一些猪头和破损的长矛，在树叶上涂了一些猪油，用来表示他们已经准备好迎接和平，并贡献一些猪。

他们为了告慰祖先会用猪来做祭祀，还就停战这件事情询问了他们的盟友。

随后他们计算出来赔偿的总数：10 头猪，5 个珍珠贝壳，以及 20 条贝壳项链。把猪宰杀之后，带着猪腿和贝壳来到了调停部落的领地。

会议在调停部落的领地上召开。交战双方在相距较远的地方坐下。调停部落‘主持会议’，来回对双方大声宣讲。

谈判一开始他们说，那些曾经无法面对面谈话的双方现在正面对面地交谈。调停部落同样给每个部落五头猪以建立自己讲话的权力。赠猪这一行为使得他们的话变得有效力。

双方把赠来的猪吃掉。随后我们收到了侵略者送来的猪作为战争补偿，分配猪的整个过程花了很长时间，女人和亲属们开始在部落间来回走动，这样又促进了一系列仪式上的交流。最终，两个交战部落结成了联盟。”

编者点评

这个故事主要讲述了地区群体之间缔造和平与恢复和平的过程。其中涉及了四个部落：两个交战方，一个作为战争导火索的战争发起部落，和一个致力于恢复和平的部落。

在整个过程中占据主要地位的是象征符号，尤其是猪。这种赠予行为表现了解决争端和抚慰祖先的意愿，同时还起到了中立部落获得发言权以及补偿战争部落损失的作用。

其中有一点不同寻常而且非常有趣，那便是调停部落不仅没有因为其贡献而获得奖励，还不得不以猪为货币形式让他们的发言更有效力。对于这种行为背后的原因我们只能做一些假设。他们在社会和地理方面处于中间位置，因此他们可能非常害怕这种冲突会持续下去。但他们的地位和权力还不足以作为一个自然的中间人，所以不得不为这一地位付出代价。

32

尼亚贝达惨剧

姆奇·贾旺·奥登尤(Mzee Javan Odenyo)

经常会看到男性哀悼者(精力充沛的年轻人和老者们)身穿军装,他们的脸上、腿上和胳膊上都带有战士的标记,手持长矛、盾牌和大棒,看起来很凶猛的样子。在他们的家园正举行一场葬礼,他们跑着冲向前方,唱着战争歌曲,以战斗的昂扬情绪颂扬他们的朋友和其他英雄。他们进攻的目标是曾在家园制造死亡惨剧的想象中的敌人,他们要将其永远赶出这片土地。他们小心地将长矛和大棒扔向敌人,这一举动有时会把女人和孩子们吓到几英里以外的地方逃命。

这是肯尼亚的奥必洛(Obilo Oyoo)家乡的一景。奥必洛的第二个妻子,来自伊洛族的阿丝爱诺(Athieno Jabermula)在发热不久后去世。

正是在这样的背景下,奥成(Ochieng' Jaganga)将长矛对着想象中杀死阿丝爱诺的敌人扔了出去。但我的上帝啊,这个神射手失误了,长矛误中了奥必洛的第一个妻子阿薇提!只听得突然一声惨叫,一股鲜血喷涌而出,没多久她就死了。

随后便是一片混乱和恐慌,险些导致两个部落——阿丝爱诺所在的伊洛部落与阿薇提所在的卡斯莫部落立即展开全面战争。而奥必洛所在的科开洛部落则不知所措。幸运的是有助理首领詹姆斯·万巴尼(James

Wambaniyi)在场。他迅速命令头领们和科开洛部落的青年恢复法律和秩序。随后建立了临时长老委员会,他自己任主席,其他人包括分区的两位高级首领,以及来自各冲突部落的三位长者,即约克凯罗(Jokokelo)、约依罗(Joiro)和约克托姆(Jokathom)。

12 位长老委员会通过了以下决议:

—— 该事件纯属偶然,为了在当前情况下解除紧急态势,前来悼念阿丝爱诺的伊洛部落的年轻人必须在阿丝爱诺下葬前立即带着他们的牛离开这个家园。

—— 他们要把奥成带回去,把他当成在战场中杀死敌人的战士对待,确保尊重所有必要的传统礼节。

—— 男人不许再回来悼念阿薇提,只允许女人这样做。

—— 所有前来悼念阿薇提的卡斯莫人只能单纯为了纪念她,抚慰她家中的孩子而停留,不允许其介入阿丝爱诺葬礼的安排。同时,由两个敏捷的卡斯莫族小伙子跑回家通知那里的族人阿薇提死了,让他们以平常的方式纪念她。

—— 奥成和他的家族要向卡斯莫族的阿薇提家庭送 12 头牛作为赔偿。另外还要向阿薇提的母亲赔偿两头小母牛,给奥必洛四头公牛。

—— 科开洛部落必须按照安排当天便将阿丝爱诺掩埋,第二天再将阿薇提下葬。

首领助理向首领汇报了此事件以及解决方法。首领召集长老们举行几级会议,众人支持首领助理与临时委员会的决议。随后首领又将此事与相应的决议汇报给区长和警察。

此案提送到基苏姆高级法庭(Kisumu High Court)时,又转至拉姆玛(Ramula)的非洲诉讼法庭。陪审团赞成首领助理、首领及长老们的决议。奥成被释放,也按照决议做了赔偿。

编者点评

我们可以发现两个不同的流程：第一种是冲突防御，意义在于避免暴力升级以至于引发部落间的战争，第二种是冲突管理，为此长老委员会需开会并做出判断。该委员会是传统社会中典型的集体调停机构。目的不是惩治罪犯或为受害者报复，而是要恢复群体内的和谐。

这类做法可能从社会规范角度对谈判形成新的定义："为了解决意见产生的分歧而在群体内部展开的交流过程"(Faure，2006：164)。在上面的案例中，长老会议中的谈判流程并未如此叙述。我们只知道最后的联合决定。

33

打掉一颗牙

理查德·安图(Richard T. Antoun)

为了理解故事中冲突解决和谈判的过程,我们必须首先了解冲突发生的地区背景,即“村庄群落”。1960 年,约旦的库夫阿尔玛(Kufr al-Ma)是个大约有 2 000 人的村落。工作的人中,有三分之一的人种地,三分之一的人从事军事方面的服务(部队、警察或国民警卫队),另外三分之一的人从事其他非农业的职业,比如开店、石头切割、石造工艺、行商、在城镇和次级区域中心的政府机构任文员,以及无特殊技能的手工业者,在本地区内和其他地区内任职,主要是在阿芒地区*。那么,将其称为“农民”便不是指他们的职业(虽然 40%的从业男性和更多的女性都从事农业或畜牧业),而是指他们的生活方式,这种生活方式表现在他们的服饰(kafiyya 头巾和束发带,有时穿一长袍)、食物和消费模式(特殊场合下的集体活动,围在一大盘米饭和羊

---

* 有关该村职业和整体社会结构的详细情况包括亲族和婚姻,请见安图(Antoun, 1972)。这位作者从 1950~1960 年写作博士论文开始,在此后的 30 年间 8 次对库夫阿尔玛开展人类学研究。本书选取的案例即发生在最初的研究阶段。后来,库夫阿尔玛地区发生了诸多变化,包括物质现代化革命(铺路、供水入产、供电、电视、带太阳能板的房子)以及为了工作和高等教育机会向阿拉伯、欧洲、亚洲和北美的大批移民。这些变化当然会对这个群体的社会结构产生深刻影响,包括其社会管控模式,如 1986 年仍按照原有意义设置“客房”的只有一人。如要分析剧变情况下的和解与谈判,可能要另起一文了。

肉边,用手指而不是叉子和汤匙吃饭)、休闲活动(傍晚聚在男人的 madafa 即客房里,讲闲话,喝咖啡,介绍婚事,讲故事)、热情好客的程度、对亲属关系和亲属之间的拜访不自觉的关注,以及他们解决所有重要冲突采取的部落方式,这些在城里人的眼中既粗鲁又不讲究。

1960 年,该村落可以被称为一个同类群;也就是说,在这个群体中,所有居民都与他人有着这样或那样的联系,哪怕他们的关系并不能明确地追究。记录中有 80%的婚姻都是在村内人之间。很多村民(大概有半数)没有土地,最富有的人(公务人员)赚的钱是穷人(佃农或赚取日薪的劳工)的 20 倍。但村里没有上层阶级。每个人都有一个绰号(常常具有贬义,用于在人背后的称呼而不用于称谓),这种系统体现了该群体的平等主义特质。比如,有个村长因为体形硕大、胡子茂密,被人称为"海象",而村子里的牧师因体格较弱,被人称为"孩子"——据说,他还是个孩子时,腿就像小山羊腿一样瘦弱。所有村民就是这样减弱一些人膨胀的气势的。就连曾经担任过村长、从村子里娶了妻子,现任约旦议会议员的地区内知名人士帕夏(官员的称号,置于姓名后——译者注)在造访该村时也不能免于客房里粗声粗气的互相交换的谈判。他也戴着 kafiyya 头巾和束发带,也经常穿着与其地位相称的袍子,质量要好得多,常为丝绸制成。

经过考虑,我使用"村落群体"指代 1960 年的库夫阿尔玛。与其他村落相比,这是个有自我意识和威望的集体。据说,"有 15 个(男人)给村子装帘子(fi khamstashar yistaru abalad)",意思是有 15 个人常常在他们的客房(madafas)里热情款待客人。在这些客房里,随便哪天晚上,任何人都可以来到这里,吃饭、睡觉。在大城市之外还没出现汽车旅馆和出租车、公交车也属罕见(一天一趟)、人们必须骑马或步行的时代,这样的款待算得上十分珍贵了。每个村落都想让别人知道,他们比其他村落更热情好客;各个村落在地区内的名声确实不同,有的慷慨大方,有的吝啬小气。

我上面提到,这个村落聚集着姻亲关系,也是社会控制管理的中心:如果一个村民违反了村里的某些规矩,村里的任何一位长者都可以责备他,告诉他哪里错了,并期待他表示歉意。由于人们聚集在一起,彼此紧邻,村子又位于山上，每家向下都能看到别家，所以很少有人犯了罪行而不被发现或汇报的，就算有新人（陌生人）来到村内，也马上会有人注意到他们，并问及他们的目的。

这个村子对权利与义务也很注重。只要是村之子（*ibn al -balad*），即这里土生土长的人，就拥有特定的权利和必须履行的义务。在遇到困难时，他可以向其他村民寻求建议。他也有权向本族长老寻求建议。若遇到棘手的问题或是争吵，他可以去找族人中的长老（shuyukh al-balad），请求其介入并帮忙在各方之间斡旋。村之子可以利用村子的信用度，从村内的任意商店里赊账买东西，并最晚在农业年终时，用扬谷场上的粮食偿还店主。村之子有权使用本族的自然资源，包括村水池里的水，这些水只能给其他“村之子们（*awlad al-balad*）”，而不能卖给外人。村之子有权在村内自由通行：他可以自由来去，没人会阻止或质问什么（而陌生人则不一样）。他有权与团体内的人交往：期待其他村民礼貌地对待他并邀请他参加适宜的活动，并盛情款待。同时，人们也期望他能投桃报李。否则，就会被认为是对对方的公然侮辱。村之子在娶村之女时，可以比外族人支付较少的聘礼（mahr）。

有了这些权利自然免不了特定的责任。村之子要以礼待人，例如，在公共场合，用尊称或敬语称呼对方，比如，*teknonym*（谁谁的父亲，谁谁的母亲），部落名字的来源（*nisba*），职称（*mansab*）或朝圣者名称（*va hajji/hajiyya*），而不能用贬低的词语。他必须对他人热情相待，并对穷人提供经济上的援助。若是他犯下过错，这个群体就会由长老和领导成员作为一个代表团（jaha），公开出面要求他抑制怒气，停止与另一方的冲突，彼时他必须对自己曾侮辱或行为上对立的人做出弥补。如果不这样做的话，便疏远了与长老代表团的距离，让群体议论纷纷并与其对立，并障碍他未来的社会与经济关系。

为了理解下文所描述的争端的发展和冲突解决过程，有必要对其经常发生的直接背景进行描述，即客室/客房（*madafa*）。村子里有许多客室或客房。事实上，任何人只需在墙边摆上坐垫和靠垫，在手工制作的木质研钵中研磨出甘苦醇香的咖啡来，便可以把一间卧室变成一间可容纳来此聚集的人们的客房。可四分之三的人即便有足够大的房子，也买不起咖啡研钵、

(进口)咖啡、大量的铜制咖啡壶、垫子或靠枕来装点客房(重要的场合应该能容纳 30 至 40 人)。

客房内人们对长者要施行正式的礼节。长者走进来时,所有人都要起立。但年轻人进来时,长者则不必站起,除非这个人来自其他村落(即是客人)或是政府官员。长者、客人和政府官员总是坐在尊贵的位子上(离门远且面对入口)。新客人到来时,一般会按照年龄的先后顺序,调整座位。据说,对于上一辈人来说,35 岁以下的男人当遇到重大会议时,根本不敢走进客房内。年轻人进入客房时,会亲吻来自其他村落的年长族人的手背。长者们在客房内集会时,女人们是不会走进客房的。但过了生育年龄的女人除外。女人如果进入客房,会待在角落里,不被人察觉,也不参与讨论。但这个规则也有例外;如果讨论的话题与之相关,强势的女人也会让客房里的人们知道她们的存在。

客房礼节还延伸到人们在进入和离开客房时反复进行的各种问候和招呼之中。在坐下吃饭之前和吃完饭之后,要对主人说几句话。每餐开始前都要说:"以慈悲、恩典上帝之名",结束时说"感谢上帝"。在客房里,祈祷之后、打喷嚏之后、喝水之后、洗手之后、吃糖之后以及喝完茶之后,都有其适宜的话语。

正是客房见证了冲突的解决,有时是冲突的高潮,也见证了正式的和平谈判(*sulha*),充分展现了主人的热情好客和慷慨大方。我们将会发现,拒绝接受主人的地主之谊——即拒绝喝下面前的茶——表达了拒绝喝茶一方(代表团或 *jaha*)对主人不够尊贵和慷慨、拒绝答应其要求的明显失望情绪。正是在客房里,人们常常互碰脸颊以表示达成和平协议。也正是在这里,重归于好的各方围坐在同一张盘子旁,共同进餐,表示调解结束。如果说上帝的律法——*al-shari'a* 或伊斯兰法规和道德是修道院里的合规形式,国家法律和军事力量是官僚机构里的合规形式,那么客房中的合规形式就是部落规则和村落的习俗*。

---

* 见安图(Antoun, 1989),从象征形式、民族精神、法规形式、仪式重点、节奏、服饰和参与性别方式对客房、修道院、官员的办公室进行的对比分析。

案例

1960年1月末的一天，我与村子里的主祈祷人(*imam*)向下一个村子走去，突然听到田野远处传来痛苦的喊叫声。我们停住脚步，发现两个人好像正在扭打，而第三个人是个牧童，站在一边大声尖叫，请求我们帮忙。当我们接近时，两个扭打的人分开，向我们这边走来。我们认识他们，他们是村里的胡赛义·萨里(Hasayn Salih)和卡里尔·萨里(Khalil Salih)两兄弟。哥哥胡赛义先走上前来，心事重重地，用手绢捂着嘴，嘴在流血。卡里尔跟在他后面，嘴唇上血迹斑斑。他们两人都想告对方一状，因此都冲向我们，只不过偶尔互相对骂两句。胡赛义显然受了重重一拳，一颗牙被弟弟打掉了，原本一排雪白的牙齿如今少了这颗大牙，非常明显，为此他不住地诅咒弟弟。我们只能听清，卡里尔埋怨胡赛义的羊常常在他的土地上吃草，把他的庄稼都吃了。他们兄弟二人的土地虽说相连，但很久以前他们便分了家，各自在土地局注册了土地，并在村子的不同区域盖了房。

当日晚些时候，主祈祷人告诉我，这对兄弟上诉的镇民事法庭的法官已经指派他——这个主祈祷人在村子内安排他们之间的调解事宜。

第二天，星期五祈祷仪式过后，与这对兄弟同为一个部落的长者们，与弟弟卡里尔、主祈祷人和我一起，组成正式的代表团(*jaha*)来到胡赛义的家里，力求解决冲突。这个代表团总共七人，代表了该部落六个父系家族的四个，其中两位成员来自这对兄弟的父系家族。所有人都是长者和一家之主，但主祈祷人除外，他结婚了但只有31岁。六个长老中，有三位曾经到圣城麦加(Mecca)和麦地那(Medina)朝圣，并被冠以“朝圣者”(*pilgrimhajj*)的称号。

在去胡赛义家的路上，一位老者问主祈祷人，“谁处在正义一方(*min ‘endu al—haqq*)?”主祈祷人回答说，这并不是“正义”的问题，他们是兄弟，两个人嘴上和手上都有血。卡里尔说他没有打哥哥——胡赛义的牙是他想咬自己时自己掉下来的。

我们到胡赛义家中，看见一位比我先来的“朝圣者”长老坐在院子里的草垫上。我们也同他坐在了一起。我们问这位“朝圣者”胡赛义是否在家。他回答说，胡赛义刚才还在这里，后来就进了房间。不久便发现，胡赛义故意离开了家。他显然已得知代表团将要来访并调解他们兄弟之间关系的消息，于是便从后门逃走了，对代表团避而不见。

我们坐在胡赛义家外面等他回来时，卡里尔说他不愿意让胡赛义的女儿嫁给他的儿子。（卡里尔的儿子是个帅小伙，但因为又聋又哑而遭到了胡赛义女儿的断然拒绝。）事实上，他在邻村提布纳的亲属代表团想把她嫁给他（这个女孩已经24岁，在村子里算是大龄未婚女），但卡里尔拒绝了。他说，他哥哥允许他从井里取水（他也会付钱），但后来却食言了。

等了许久，胡赛义的女儿奉上茶，招待聚会的宾客们。人们问她的父亲去哪儿了。她说不知道。有两位长者，都是朝圣者，拒绝喝茶，生气地起身，说胡赛义的行为是对客人们的侮辱和抵抗。我们都起身离开了。大家同意第二天早晨7点，在胡赛义去地里干活之前到胡赛义家会合。回家的路上，卡里尔说胡赛义的行为真是大逆不道，竟然不愿意给长者奉茶，还说他要不是因为敬畏上帝，早就忍不下去了。

第二天一早我就来到了胡赛义家，但主祈祷人和长者们已经到了，正与他谈话。胡赛义说他的弟弟：“为什么要到提布纳请求亲戚们帮忙向我女儿提亲？杜米和阿姆尔——这些村里的其他部落还不够吗？”一位长者问胡赛义，前一天代表团来为兄弟二人调解时为何要逃跑。他说他不想参与调解（*sulha*），想要法庭的裁决，法庭要么把他、要么把他弟弟送进监狱。胡赛义说他的弟弟都没有邀请他参加卡里尔女儿的婚姻协商。此时胡赛义的性格强势的女儿插话道：“我再也不想见到他那张脸了，”她这样说她的叔叔。

其中一位长者对胡赛义说：“正直总比理亏强。你不在的时候我们说过，‘胡赛义比他强。’”另一位长者问胡赛义：“以上帝的名义，他打你了吗？以上帝的名义，还是你咬他来着？”

主祈祷人说：“在先知的时代，先知的信众及其同伴在先知面前争吵。先知说，我们难道退回到无知时期（前伊斯兰时期）的方式了吗？你们这些伊斯兰人啊，要帮助你们的兄弟，不管他是压迫者还是被压迫者，都要帮助他（如果他是压迫者，要阻止他压迫别人，如果他是受害者，就要帮助他反抗压迫他的人）。”

一位长者说：“如果让政府（法庭）掌握了这个案件，你的权利就没了。你弟弟说，胡赛义这个人不会像别人一样坐下来寻求各方的谅解。”

主祈祷人对胡赛义说：“你的弟弟正是出于对你的爱，才不断要求你的女儿嫁到他家。”一位长者对胡赛义说：“你的弟弟道德败坏，这不假。但我们是以上帝的名义来找你的。”主祈祷人补充说：“真正的信仰者皆为兄弟。先知也曾教导，‘要与兄弟和睦相处。’”胡赛义的女儿突然插嘴道：“除非他赔我爸爸掉的那颗牙，否则我们永不和解。”

胡赛义说，他弟弟以 450 美元出售了一块地，他的女儿曾经几乎双目失明，他向弟弟借钱却遭到了拒绝。他继续说：“我是个快 60 岁的人了，没多少年可以活了；力气也要耗尽了，牙也快没了。”

茶端了上来。没人做出喝茶的动作。胡赛义对代表团说：“喝吧，就当是为了我这个外人。”“你愿意与弟弟和解吗？”大家问。他回答：“我想要我的羞辱（得到偿还），我想要我的那颗牙（得到偿还）。”“上帝保佑你，”朝圣者长老回答道，“我们会去找卡里尔，他会赔偿你的牙。”胡赛义继续说：“我想要我破损的荣誉（得到赔偿），我想要我的羞辱（得到赔偿），我想要我的牙（得到赔偿）。”

其中一个老者答应要赔偿他的牙，这让主祈祷人感到诧异，并疑惑地看着这位老者。当时正值干旱年头，农民们都难以维持生计。

胡赛义族系的一位长者与主祈祷人和我一起去另外一个村子叫卡里尔，其他长者们都在胡赛义家中等候。我们找到卡里尔，又叫上了胡赛义，并在两位长者的陪同下出发去警察局，希望两兄弟能撤销前一天提起的诉讼。去往警察局的路上要经过一座陡峭的山，爬到一半时，一位老者喃喃自语道：“感谢上帝，一切都解决了。”胡赛义突然停住脚步，说：“我要执行我的权力。我现在就想得到属于我的（*buddi haggi*）……那里（指警察局）我什么都得不到。那里不是实现公平（*hagg*）的地方。”

一位老者把胡赛义和卡里尔拉到一起，卡里尔亲吻哥哥的手背，一边拥抱他一下。但胡赛义却没有还礼，与弟弟拉开了距离。于是我们都坐在这山上，陷入了一种僵局。

最后，一位朝圣长者把卡里尔叫到一边，凑到他耳边说话，显然是在说服他为他哥哥的牙支付赔偿。于是我们又站起来向山上走去。朝圣长者将主祈祷人叫到一边，将一个约旦第纳尔塞进他的手中。随后主祈祷人将胡赛义叫到一边，把第纳尔塞进他手中，并亲吻他的两颊。胡赛义盯着第纳尔看了一会儿，然后又看了一眼后，塞进了口袋。两兄弟一直走到警察局，撤销了起诉。

随后，我们来到胡赛义家，两兄弟与长者们一同吃了些蔬菜、刚出炉的面包和羊奶，作为早午餐。当晚，卡里尔邀请包括他哥哥、主祈祷人、长者们和我在内的所有人到他家吃“正餐”——米饭和鸡肉，但胡赛义却没有参加。

分析评论

代表团的组成

试图在两兄弟间进行调解的代表团反映了某种社会结构和规范性的元素。代表团(*jaha*)的成员由于其年龄、宗亲或宗教派别，或他们曾到麦加和麦地那朝拜的事实而备受尊重。他们都是已经有了家室的已婚男性。除主祈祷人外，代表团的成员都是50岁以上的老者。主祈祷人由于其宗教学识和教堂内的领导地位也被称为“老者”(*shaykh*)。三位老者曾经朝圣，第四位也因坚持日常祈祷而远近闻名。代表团所有成员与兄弟二人同属一个部落，其中三人与他们同属一个姓氏群体。

村外权威的角色

另外一个镇上的民事法庭的法官懂得村子里解决争端的有效机制，也正是他鼓励主祈祷人去调解兄弟二人的矛盾。两兄弟最初在警察局提起诉讼,而他们二人和解的关键一点就是起诉的撤销。

理由的听证与责任的归属

责任的归属常常发生在代表团抵达客房之前,由此才能决定应当遵守的谈判/和解策略。从一位长者向主祈祷人提出的问题("谁处于正义一方?")中我们可以看出这一点:于是,该案例便从对"正义"的不认可(主祈祷人的话)到将责任归咎于卡里尔,发展到"弟弟'道德败坏'"的言论,最后对其征收经济处罚。因此,这个代表团虽然常行使一个临时法庭的任务,找出责任方,并通过长期的权衡讨论,决定赔偿,但在这个案例中,这些调停者们在会议开始前就已经在头脑中形成了解决方案的大致轮廓。

在决定责任归属问题时,相对年龄是个极为重要的因素。胡赛义是哥哥,因此,理应得到比他年纪小的兄弟的尊重。从尊重长兄的角度,打自己的哥哥属于大不敬的行为,在胡赛义看来,是众多不敬行为中最登峰造极的一种。所以,代表团早就决定在道德上谴责弟弟,以至于把他描述成为可耻之人,以此来平息哥哥心中的怒气。

但不久人们便意识到,这样的道德责任归咎还不足以促成和解。胡赛义的女儿道出了解决矛盾的必要条件,即取得父亲那颗牙的补偿,因为那颗被打掉的牙象征着胡赛义的尊严遭到公然破坏。山坡上的僵局最终被补偿的支持而打破。这种补偿不应理解为仅是一种贿赂,而是胡赛义较高的道德地位及恢复部分荣誉的象征。

制裁的常规和非常规措施

围绕着代表团的措施有多种特定的规则和态度对人施压,致使其退让并接受和解。代表团必须得到尊重。*Jaha*,意为代表团,源自阿拉伯语,愿意就是荣誉。这种尊重一部分表现在奉茶或咖啡的热情方面。代表团拒绝喝茶,显然是想表示他们对胡赛义的不满,也表示了他们坚持要让胡赛义同意和解以表示对代表团的尊重。这是代表团惯用的技巧,给顽固的主人施加压力——这是在一个以地主之谊的付出与接受为首要职责的文化中。

真正意义上的和解最适宜发生在主人的客房中，也就是他吃住的房间。正是在客房中，慷慨之道、地主之谊、尊重以及对长者和客人的崇敬得到了充分的展示。小伙子们很少参加客房里举行的部落长者之间的严肃会议，年轻人在长者进来时要起身，而且要把主位让给长者。如果年长的亲戚来自别的村子，当其进门时，年纪较小的人常要亲吻年长亲戚的手，以示尊重。而在本案例中，虽然最初的调解和最后的和解宴都发生在客房，但实际的和解（*sulha*）却是在外面的路上达成的。代表最终达成和解的是冒犯一方亲吻受害方的手背并互相拥抱。这个行为代表着冒犯方承认错误并请求对方原谅，而受害方给予原谅。尽管胡赛义并没有回复卡里尔的亲吻礼，但由于卡里尔的行动已经说明他承认自己的方式有误并正式寻求原谅，并向哥哥进行赔偿，因此可以认为调解已经完成。

当人们沿着陡峭的山坡走向警察局时，作为和解的前奏，几次出现"二元外交"（Dyadic diplomacy）策略的典型行为。二元外交是个别的老者或具有影响力的人物对其中一个当事人单独谈话的技巧，在他人不在场的情况下，劝说他出于对代表团的尊敬并且考虑到自身的利益及其后代的利益收起自己的不满。一位老者将卡里尔拉到一旁，使他同意对哥哥的牙做出赔偿。然后，他又和主祈祷人单独讲话，将赔偿的钱塞给他。主祈祷人叫来胡赛义，在两面脸颊上亲吻他，并将那个第纳尔塞给他。在这种部落农村文化中，二元外交是一种有效的和解机制，它通过掩盖让步/赔偿的事实——全部私下完成，远离代表团——并通过将它作为一种为了大家族和群体更广泛的利益以及符合宗教和解规范的伟大行为，提升了重要人物的诉求效力，维护了当事人的荣誉。

随着共餐的举行，和解过程也达到了顶点。当事人、老者以及其他名望家族的首领都应邀出席。和解由此成为一个群体内所有人参与并确认的公共行为。宴请可能是由当事人一方或双方共同操持（如本例）。卡里尔提供的餐饭比胡赛义的丰盛，突出了这对兄弟之间经济情况的差异，而这一事实无疑又为两人的关系罩上了一层阴影。

涉及的问题

兄弟间的争吵由动物的破坏而来，但主要还是因为弟弟对兄长不够尊敬而破坏了道德规范，由此引发了一系列的调解、道德谴责和赔偿的过程。但显然，兄弟之间的隔阂源自长久以来发生的一系列事件，主要是弟弟试图争取让他哥哥的女儿嫁给自己的儿子。卡里尔请求老者代表团和亲人们代表自己向胡赛义的女儿提婚，但遭到了胡赛义的拒绝。他的拒绝是对礼数（女人嫁人应首选第一个表兄）的公然挑衅。其中包含了藐视的嫌疑，因为卡里尔的儿子是个聋哑人，也许正因为此才被胡赛义父女所拒绝。

总结

在带来双方和解/小说式的再撮合的赔偿过程中，我们可以明确以下步骤：①由村子宗教方面领袖、政府官员担任代表，开启和解流程；②由老者、虔诚的和有威望的部落成员组成代表团；③虽然代表团在初始磋商时已经不赞成弟弟的做法，但还是举行听证会，并归属咎责；④劝哥哥和解；⑤弟弟亲吻哥哥的手；⑥支付金钱赔偿；⑦在警察局撤回诉讼；⑧二人共同举办筵席，当事人、老者和社群其他成员参加。

这个过程并不是一帆风顺，经历了胡赛义的躲避、代表团拒绝喝茶、山坡上陷入僵局以及胡赛义拒绝向弟弟回亲吻礼等一系列事件。但最终的结果是胡赛义与弟弟达成小说式的和解，在这个部落农民社会中和平谈判的真正目标就是这种暂时的和解。磋商和谈判的目标不是化解怒气，也不是让二人真心重归于好，尽管宗教和部落规定总是强调这些。谈判的目的是让个人和家族在联系紧密、核心、多元化的村集体中恢复日常活动，相互交往，去除不和谐与敌意。

编辑点评

从谈判的角度看，文中解决冲突的方式为传统社会所特有。在这个群体调停的案例中，基本的目标为恢复群组内的和谐，并避免外部干涉。

该使命的完成借助了象征性问题管理的方法。言语和行为的意义远超过其外化的表达。因此，如果“掉了的牙齿”代表了“丢失的荣誉”，那么恢复的过程不是简单的金钱赔偿，而是通过恰当的仪式确保已经重建和平。

整个过程都是按照社群内长幼有序和地位为先的价值观执行的。个人被看作是广泛系统中的一个功能性组成部分，通过第三方的介入，他们恢复了本不该离开的位置。这就是 sulha 和解过程要公开进行的原因，因为这里的冲突不再只是两个人或两群人之间的争执，而是对群体价值观的冒犯。

34

亲属平台内的谈判

纳泽·奥兹楚吾·楚吾(Nze Ozichukwu Chukwu)

尼日利亚伊莫州(Imo)伊海特-乌博玛(Ihitte - Uboma)的阿玛科希亚(Amakchia)区,与其他伊格博(Igbo)群体一样,其社会生活的诸多方面都围绕亲属关系展开。不履行亲属的责任,是导致冲突的唯一最常见的原因。同样,在解决这些冲突或其他冲突时,一定不会追究冲突各方行为所导致的后果,也不会追究其行为背后的逻辑。亲属之间冲突的解决,这个概念本身就不需要明确导致冲突形成的前因后果,也不需要知道冲突方行为正义与否。解决办法的本质和程序只需本着一个原则,即重新确立亲属纽带关系,使对方与其他亲属达成一项契约,以展示目标的固定性和程序的可操作性。

谈判的结果既可预测,又具有约束力。重点通常在于限制对立各方自行解决问题。对立方之间经深思熟虑后建立一种传统的契约,这是一种无声的且具有象征性的契约。*Umunna*,也就是亲属,通常会为他们的决定行使最终权力。可笑的是,最终各冲突方通常都不会受到处罚。但如果有哪一方胆敢向非亲属寻求解决途径,这个决定中则为其准备了处罚措施(通常根据排斥的程度,处罚也有不同的轻重等级)。

下面的时间着重描述了南尼日利亚伊格博人的这种奇怪而又有趣的冲突解决方式。这个故事还展示了他们的行为是如何体现出现代的谈判原则和方式的。

埃克(Ekejiuba)是马度(Maduforo)的弟弟。(* 由于所述事件发生于当代,为了保护故事人物的身份,此处皆使用化名。)

马度未曾接受正式教育,从事棕榈酒采集工作。他年轻时做佣工,供埃克上学——这是他的传统责任所在,而他的父母由于年事已高,认识不到上学的用处。如今,埃克当上了高级别的公务员,成立了一个小家庭,他赚的钱只给小家庭用,而丝毫不给他人。相比之下,马度只是一个穷困潦倒的棕榈酒采集工,几乎连最基本的职责都无法尽到,但是,他一直期望传统上的亲属义务和知恩图报,尤其是他的弟弟埃克能帮助他走出困境。但埃克并不愿意。所以,现在具备了亲属之间产生矛盾的所有要素,甚至还要更多,因为他们都住在祖先的居住区内,彼此相邻。

事态的第一次爆发发生在埃克先生与马度太太之间。这个老妇人得了重感冒,并发黏膜炎。由于她长期不间断地吸烟,咳出的黏液黑乎乎的,极为恶心。因此,她要用干沙子把她吐过痰的地方盖住。但是正值雨季,她只能在埃克家地基附近收集到这种沙子。

当她正在挖沙子时,埃克先生开车进来,略带责备地询问为什么要在这里挖。马度太太最初撒了个谎,说她要用沙子加工棕榈果。但埃克先生通过他的女儿从这个老妇人口中得知了真正的原因。但即便是这种解释仍不能让埃克相信。这时,原本就紧张的态势终于爆发了。埃克先生开始不点名不道姓地大声嚷嚷。他含沙射影,意思说,在他家附近挖沙子是在对他家施邪恶之法。他说,以前马度太太还伤害了他妻子的生殖系统,流血三次后便再也不能生育了。他还说马度的儿子曾诅咒他三年后就会死。这导致两家吵得很凶。如果不是邻居的介入,他们很可能会大打出手。

在埃克的坚持下,*Umunna* 长者委员会(即亲属委员会)成立。该委员会的领导人是亲族中年纪最大的奥古(Oguchukwa),作为 *ofo* 持者(该头衔的所有者),他是传统权威的集大成者,也是祖先的代表。委员会其他成员包括:纳地、奥华和乌其。

埃克向 *ofo* 持者敬献传统可乐果和一桶棕榈酒,*ofo* 持者按照以下方式主持仪式：

奥古："Ala Igbo，ala Amakohia，chukwu Okoko Agwata"，我们的祖先们，请保护我们，请吃下可乐果，喝下酒。它们都源自我们为您和后代子孙们掌管的土地。

（对祖先的祈祷过程中时常穿插着其他人"isee，isee"或"amen，amen"的喊声。）

Umunna m，让风筝停落，让鸽子栖息，在同一棵树上。如果二者不能相互接纳，那么就请再另赐一颗栖息的树吧。

在以前，我们的祖先坚不可摧，团结一致。正因为如此，他们才能在与相邻部落的多次战争中战无不胜。一根筷子很容易折断，但一把筷子就会牢牢地抱成团，难以折断。我的兄弟们，请吃可乐果，喝下美酒。埃克，你为什么要邀请我们来呢？

埃克先生叙述了马度一家是如何设计陷害他家，让他家断子绝孙的。他继续叙述马度太太总是在他家地基处收集各种东西，用于断他家香火这种阴险计谋。他还用各种事情来支撑他对马度家的指责：

埃克：我的兄弟们，事情是这样的。我们的父辈曾经说过，当一只母鸡早晨追着你跑，那么赶紧逃生去吧！因为前一晚它可能长了一些牙齿。风筝，每每飞过伊罗科树时都会停落，所以我必须将这件事讲述给你们听。我的兄弟们，老鹰先看到狗的尸体，这样会比较好听。如果反过来，人们很容易说是狗害死了鹰。

奥华：是啊。我们感谢你的克制以及对我们的尊重，但你的哥哥马度在家吗？

埃克：不在。

奥华：那么只有一个女人在掌管祖先的土地了。我觉得，马度不在家时，我们无法对他的妻子做出任何评判。我建议将此次会议延期，同时让马度迅速回来见我们。这样做是因为在某一个人的眼中，一条小蛇有时会看起来像条大蟒。

纳地：没错，在我们等候马度回来的这段时间，我们要对冲突双方施加一条限制。我们应当坚守祖先的传统，对于亲属之间的事务，亲族们享有不可剥夺的判决权，我们应当坚持不让本团体之外的任何人参与，直到此事最终解决为止。你们都知道，当一只老虎在修道院下面挖了个洞，则需要很多水使土壤软化下来而不危及圣坛。同时要注意，面包果在开花期，果实很小，但到了成熟期，则有人头大小。希望你们不要死得太早。

奥古：（手持*ofo*符号）你们说得都有道理。我们一起吃了可乐果，一起喝了棕榈酒。对于一个孩子来说，我们只是聚在一起吃了些东西，而对于一个能辨别是非的成年人来说，我们今天举行了一场非常重要的仪式，在我们之间建立起一种纽带，我们与由*ofo*代表的祖先之间构建了一种约定。我们重新确立了我们对兄弟之谊的坚定信念。仪式结束后，我不相信有人会对他人有坏的想法或是行为，我也不相信会有人对他人撒谎，不相信任何人会破坏亲族的团结而不招致直接后果或激起我们祖先的愤怒。

全体：上帝饶恕。

奥古：我们的先辈曾说，当泥制篱笆不怀好意地倒在地上，最终伤害的只有自己。我的兄弟，如果一个人受到亲属的迫害，他还有谁可以投靠呢？我们要让猴子的手臂在变成人的手臂之前从汤锅里拿走*。因此，马度·埃克或任何家庭成员都不要自行处理此事或是将其交给本长者、亲属团委员会之外的任何组织或机构。来到ofo面前的问题没有解决不了的。愿我们长寿。

正当大家等候马度回来进行最终决议时，马度的妻子违背了长者的指

* 伊格博(Igbo)谚语，意思是为了防止事态恶化，要趁早加以解决。——译者注

令。她将此事汇报给不属于近亲组织的远方关系——国家议会地方政府的一位代表。丈夫不在家,她是在迫于无奈的情况下才出此下策的。同时她也觉得这件事可以瞒得过亲属团。

但她的行为却招致大家的憎恨,难免要对她实施惩罚。但出于对她健康不佳、年老体衰和丈夫不在身边的同情,一些亲属提出调停请求。而埃克及其朋友却施加压力,以求实施处罚。*ofo* 持者裁决道:"如果有实行处罚的规定,那就要有贯彻实施的勇气。"因此,马度太太被罚以下列物品:一只羊,一桶棕榈酒,一箱啤酒,一箱软饮料和一盆油豆沙拉。这些都是为了清洗罪恶的祭奠,并用作进一步制定亲属契约时的集体消费。

马度归来后,决定召集亲属团。他启用了镇上召集者。这个人在第二天早上挨家挨户地对所有长者和已婚妇女发出邀请。召唤中他穿插了这样一首歌,指出亲族内争端的徒劳无益:

那些有点钱的人,
都会分享给自己的亲人,
最好的交往,
就在亲人之间。

啊……这是来自
一位亲人的召唤。
亲人的忧伤,
亲人的不幸,
如今谁能解?

但要是一个亲人
对另一个进行迫害,
谁能干预?
亲人的呼救让人难以忍受。

如果你虐待某人时，
他的亲属在场，
你一定会停止，
因为他的亲属不会袖手旁观。

当晚八点左右，所有相关人员在亲属大厅内召开会议。老者们就位后，其他男性和所有的妇女在相应的区域内就位。亲族选举的主席担任谈判的主持。大厅中央放着原告献出的一桶棕榈酒，一箱软饮料和一盆油豆沙拉。

可乐果端上来后，由长老委员会和 *ofo* 持者进行传统的祈祷。随后，介绍了当日一早马度作为一个亲属发出的迫切呼救。主席用适宜的箴言点缀他的讲演，却被在场的大部分人一声“不”的短促喊声打断。然后：

主席：亲爱的人民，祝愿你们和平。请你们保持镇静。我们的前辈说，不只死人的僵硬脖子需要纠正。活着的人也应该做这样的处理。如果我有任何遗漏，还请大家谅解。我觉得这是我们取得进展的最佳方式。

琴威太太：我觉得这场冲突主要在于看问题的角度。我们知道，一个人无法双脚并着跳过污水坑（意思指对于这两件事——马度太太的惩罚和她丈夫清早的请求，应当按照发生的顺序分别处理，而不是把它们集结起来）。

当聚会的人们在究竟是一起解决还是分别处理方面出现分歧时，一位老者提醒大家：“在准备眼泪时，辣椒之类的东西应当避免”，同时主席请大家就如何更好地继续谈判提出建议。

乌齐：（在一位长老再次打断后）让我们实事求是。马度太太的案子已经有了定论。她因违反了长老决定而受到处罚，她的行为侮辱了古老而尊贵的家族。可以看出，她已经遵守了我们的决议。所以，让我们进行下一步内容吧。

马度的儿子乌德祥为他的母亲辩护，认为她在丈夫不在家时不得已才寻求州议会成员乌齐戈首领的庇护。他认为她的行为是可以原谅的。但他的辩护遭到驳回。理由是该行为代表着一种不敬，对亲属缺少信任。

原告人马度就位后，对众人进行了一场声情并茂的长时间演讲。他劝所有人都不要打扰睡着的狗，并回忆自己如何帮助他的兄弟埃克：

> 我的整个青年时期都在赚钱供他上学，为了他未来的幸福，甚至负债累累，为了让他以后有房可住，我很晚才结婚，也没有盖房。为了让他能活下去，我都可以去死。但如今，我的猎人同伴把我也当作羚羊等猎物一般。我怎么会预谋除掉埃克一家呢？埃克应该停止寻找替罪羊，面对历史的审判。他唯一的儿子就是我们的父亲转世，父亲转世多数出于同情而不是感激；而他的第一个女儿是我们的祖母转世，祖母回来是要报复而不是展示团结。

最后，他连用一早在召集亲属时所使用的诗歌作为演讲的结束语，以加强影响力。对此，听众不停地低声说“好了！好了！停下吧！停下吧！不应该！不应该！”

这场演讲激怒了埃克，他大声说：

> 你们面前的这个人是个魔鬼。他一直在诅咒我。他的家人也在威胁着我们家人的生命。记着，我或者我们家要是发生任何不幸的事情，他都应该承担全部责任。他确实曾供我上学，但首先是我有上学这个能力。我也试图回报他，但不幸的是，他的孩子都是脑袋里只装锯末没有大脑的笨蛋。如果这件事最终得不到良好解决，有人会因此而死。

当前这种情况，需要本地的外交家们出面，平息双方的怒气。老者们讲述了一个又一个的故事，一句又一句的箴言。乌齐如此总结此次讨论：

马度和埃克两兄弟都互相爱戴，也能意识到他们相互之间的好意。由于我们不想成为他们分道扬镳的工具，所以我们什么也不说，什么也不做，而是邀请他们参加 *igba ndu*（宣誓）仪式。

纳迪：我的哥哥说得很好。今晚的意义不在于集中批评各方的错处，而是引导各位谦卑地服从。我们的父辈们曾经说，如果因被激怒而杀人，就相当于在分解的尸体附近埋下了令人不快的恶臭。伤害可能继续，人们还有可能发起进攻。但我们深信不疑的是，我们的亲人一定会竭尽全力解决这个问题。当甲壳虫和乌龟凑到一起，矮人同盟算是聚齐了。

这种长篇大论持续了很久。服从的趋势逐渐凸显。问题的中心在于刚才有人宣称要杀人。但奇怪的是，演讲者们好像有意忽略是否有证据可以证明这种论调，而只关心团体内的人们所感受到的社会错位。*ofo* 持者如此总结这种考虑：

我们所遇到的这种怀疑态度是相互的，而且是根深蒂固的。幸运的是，现实总是易于受猜想的支配，马度和埃克二人唯一的错误，就是他们自我满足的幻想，正是这种幻想导致了沟通障碍和社会距离感，险些将这个家拆散。我认为，此次会议一致同意马度太太应履行已经制定的处罚。但由于她提出减轻处罚的申请，我们可以将原先的一整只羊，减少为给男人们一条羊腿，女人们一条羊腿。其他的处罚项目不变。她必须现在就交付，或者让我们其中的一个人替她做担保。我们无止境地重复马度和埃克二人的矛盾，是极不明智的。我请他们二人回忆一下我们前辈的一首歌：

智慧在生命中至关重要，
观察力，应是我们的第二天性。
有了他们，你将不会陷入贫困，
我们的救世主永生。

老者的智慧，
指引年轻人前行。
不要让你的行为，
为你抹黑。

让我们在祖先面前，在兄弟和姐妹面前，邀请两兄弟和他们的家人参加*igba ndu*（宣誓）仪式。

双方都应邀参与仪式。大家吃起可乐果，念起诗歌：

带来可乐果的人，便带来了生机。
诅咒他人的人，让魔鬼做他的
同伴。

此后，双方握手，离开。亲属团其他所有成员轮流加入这个仪式。同样，双方应邀前来见证的姻亲们也轮流参与进来。伊格博的传统婚姻无论是在庆典还是在冲突时，都会在互相独立的团体之间构建起联盟，这种联盟的构建方式十分有趣。此后，由老者们组成秘密委员会，监督和平协议的遵守情况，并对任何违反和平的行为进行汇报。

分析评论

在了解了这件冲突解决案例并弄清了该案例背后的成因后，我们会发现，这有别于那些常见的、尤其在现代谈判和妥协机制下司空见惯的主题。

重要的是，冲突、冲突的解决以及过程中伴随的处罚可发挥一定的积极作用，这在我们的社会要比现代工业社会中更为明显。它们有助于巩固亲族的团结、协调与和平。我们应该注意到，针对马度太太的处罚凸显了亲族团结与互动的需要。

同样，谈判最后的*Igba ndu*（宣誓）仪式不仅促进了马度与弟弟的和解，而且所有亲族成员都参加了，包括作为双方见证人的姻亲们。于是，促进了超出争执双方的更广范围的和谐。

在这个社会中，我们还发现与多数传统社会相同的一点，即冲突决议的作用不在于确立事件发生的顺序以及究竟谁对谁错，它的目的甚至不在于惩恶扬善。冲突决议旨在恢复平衡，避免社会错位。冲突决议的过程强调社会的修复，而不是建立咎责的法律流程。

但是，我们仔细研究便会发现，其中有许多方式与现代做法和谈判理论相契合。对两种谈判可以发生的语境进行了区分。伊格博的社会和文化语境肯定会影响冲突决定的程序和结果。

在前面的讨论中，是通过将冲突双方的利益结合起来，寻求解决争端的方法的。不是通过自上而下的控制，也不是通过妥协，因为没有任何一方作出让步。但他们接受相互之间的责任，这让他们的利益看起来与亲族的团结息息相关。之所以能做到这一点，是因为，首先，创造了一种让冲突双方抒发痛苦之情的环境；第二，谈判者能够把握冲突重点，忽略戏剧化部分。就是这些措施，让谈判者们了解了整个冲突的复杂社会心理内容，也给他们机会整合冲突双方的利益，形成双赢的解决方案。

冲突决议的过程与其说是仲裁，还不如说是一种调解。谈判者通过劝说或援用祖先惩罚的措施，让双方达成协议。伊格博对冲突决议的理解是“仲裁瞄准过去；调解面向未来。”

在谈判中，我明确地察觉出一种对“原则性谈判”的坚守，尤其是他们轻而易举地发展出一种最佳替代方案(BATNA)。长者们以及亲属团发现，冲突中的问题很严重(宣称要杀人的指控)，当事人情绪非常激动。因此，短期内不可能在埃克和马度之间达成双方的解决方案。谈判者制定了一种替代方案，即在冲突者与其他亲属之间构建契约。

我们不难判断，尽管这种传统的冲突解决方式具有感情和戏剧的特性，但它合理地遵循了现代谈判的原则。

还应当注意到，在我们的描述中应了那句话，即“无形的与有形的一样重要，甚至比有形的更加重要”。马度召集亲属团时唱的歌，强调了亲族团结的重要性。这些歌有助于引出众人的同情心。陈述本人案例时援引的那首歌可以说或多或少地奠定了谈判的基调或议程。他着重突显了亲族团结和亲情的重要性，这在最后的仪式中——重新树立亲族团结的宣誓仪式中有所反映。

在执行谈判的同时，谈判者们（亲属团和老者们）的目标坚定不移，即建立并维护了热诚的关系。但他们在程序上保持了很大的灵活性。有时，他们允许双方宣泄怒气。有时，他们则激发众人对祖先权力的敬畏以及对祖先的爱戴。而有时，他们表现出坚定不移的决心要执行仲裁，明确并惩罚罪恶。这与当代谈判理论和做法相一致。

从中我还发现了古老的“后处理”解决办法或用于监控谈判结果的评估机制。在形成决议后，又组建了长老委员会，用于督促协议的履行。

我们应该注意到，伊格博这种看似独特的冲突解决方式，源自其联系高度紧密的性质。个人必须服从组织的意愿。由谁做决定，多数是出于尊敬，而不是出于决定的内容。因此，亲戚和姻亲们的决定带来的是服从而不是信服，表现出这个集体的要义，即联系与尊重。最终结果是形成了双方协商的解决方案。

编者点评

在本案例中，真正的问题不在于兄弟两人利益的纷争，而在于这种纷争对亲族内和谐的影响。当马度太太试图将此案交给亲族外的人处理时，便犯下了最严重的错误，因此她受到了严重的处罚。

团体内的和平与和谐是最高级的目标，在调解过程中多次提及。这也是听证会和仪式必须公开的原因，而最后的决定必须向亲族内的所有成员通报。

符号和仪式的运用，如吃可乐果，为整个进程提供了明确的社会力量。整个过程中对冲突进行了有效的管理。各方可以表达自己的不满、愤怒、挫折，然后再静下心来，这种状态对他们感受长者们的召唤以及传统和往世智慧有好处，并最终遵守他们的提议。

结　论

人们谈判解决问题的情况多种多样、五花八门，既让人感到意外，又使人振奋。之所以让我们意外，是因为谈判具有多重性、奇特性的特点，有时闪烁其词，很多情况下让我们感到不安；之所以让人振奋，是因为谈判将我们带到人生的万花筒之中，哪怕只是短暂的一刻。而且它更加彰显了人类在解决人际关系问题上所表现出来的机智与智慧。

如果说谈判是一系列的技巧和方法，那么正如 Raiffa(1982)所说，谈判首先是一种艺术。只有在这个层面上，那些让人类行为如此绚丽多彩的活动，诸如创造力、想象力和感官能力，才得以充分发挥。

如果我们对本书中的文章做一个横向的观察，便会得出一些初步看法，这些故事与更多的传统谈判案例研究的不同之处在于故事的语境。有时需要谈判的问题很新颖。有时是参与者本身或其所使用的技巧或推理方式更为新颖。但是在这些故事中，我们发现了同一种普遍做法的不同文化形式。一个重要的结论就是我们发现了普遍功能存在多种表现形式：人性可以以多种方式加以表现。

每篇文章末尾的点评展示了谈判理论的一些概念应如何应用到每个案例中。这些概念无疑能帮助我们理解多种情况，而且对我们这些西方人来说，这种思维方式让整个过程很有意义。

由于所有的案例都被认为是一个笼统概念系统的细化描述，这里进行的整体分析本质上属于演绎逻辑。一般的研究过程旨在挖掘那些被认为是谈判流程发展的关键因素，然后再探究所发现的理论是如何丰富现存理论或对其提出质疑的，但本书中所采取的方法不依赖于最初对大量事实的选择。因此我们有必要探究人的干预——即所谓的没有记忆、没有文化、没有情感而只具备智力的理性思考者——是如何改变问题性质的，问题是如何被理解，谈判过程是如何管理以及谈判的最终结果。

这里选取了以下几个重点主题进行讨论（其中涉及故事中的新颖内容或故事中确立或推翻的我们认为理所当然的一些道理）：

—— 谈判——定义与范围

—— 仪式与谈判

—— 自我谈判

—— 问题界定和谈判的隐喻

—— 语境的意义及其与谈判核心的关系

—— 隐性谈判

—— 超自然谈判方的参与

—— 升级与陷阱

—— 交易条件程式

—— 第三方干预

—— 权力问题

—— 信任和欺骗

—— 谈判准备与时机的成熟

—— 透过博弈理论看冲突情况

以下将对上述各个主题分别进行讨论。

谈判——定义与范围

由于开放是科学的一个本质特点，所以科学观点常常具有暂时性。正如哥白尼的学说改变了社会对宇宙的认识，本书中罗列的案例所展现的一些情形也对谈判的定义、谈判的定义方式以及谈判的范围提出了一些根本性的问题。谈判是应该被定义为一种情境、过程、关系，还是其他？每种角度都涉及一种不同的谈判建构。

人们对于究竟什么样的情况可以被称为谈判仍然意见不一。谈判是否必须有语言的交换？是否需要有结果？除了涉及分配某项资源或某个商品，除了建立交易条件的情况还有其他种类的谈判吗？什么时候才能算做离开了沟通的领域而进入了谈判的领域呢？我们应该把谈判的切入点局限于谈判者之间关系的微型领域中，还是应该将其置于更广阔的社会层面中？

对于以上各点，存在着针锋相对的各种不同观点，而对于谈判范式的范围也是如此。本章的目的仅在于为此类讨论添加些素材，可能的话，将讨论向前推进一步。一个有效的定义必须克服两种障碍。首先，简化定义，要以最少的属性来体现谈判的本质特征。同时，它又要具有完整性，应足以覆盖因谈判参与者数量、事件、背景环境和语境不同而表现出的诸多面貌。以上两点要求显然互相矛盾。那么，现在的问题就是要在保持足够的定义推理能力的基础上，寻找恰当的平衡。一种关系如要定义为谈判，至少要满足什么条件？这是我们在这一话题上想要提出的问题。

基本上，需满足四个条件。必须有：

——至少两方参与；

——目标分歧；

——为减少或消除分歧而展开的互动过程；

——一个结果，但不必是协议。

本书中列举的故事是如何满足我们定义中的四个要求的呢？

首先，对于工艺品，我们是不是可以找出一个积极的参与方，一种代替的谈判者，在诸如"与工艺品的谈判"的案例中，由于工艺品并非出于其主观意愿而对雕刻者进行抵抗，因此只能限于谈判隐喻的概念。其中不存在分歧，除非我们假定工艺品的意愿是抵抗对其所做的任何修改，否则，人的干预不能等同于谈判过程。相比之下，在"马之间会谈判吗?"的故事中，我们有两个真实的参与方，它们有自己的意愿、欲求和目的，也有自行实现这些目标的能力。在"牙婆"和"愚蠢的卖蛋者"的案例中，我们可以看到自主参与互动的真实双方，尽管有些并不怎么聪明。

如果我们从目标、方法和/或观点的分歧方面来看，工艺品既没有意见，也无意愿，因此不能认为其与雕刻者之间存在什么分歧。但两匹马则不同，它们清楚地知道自己想要什么，在其他两例中，存在着明显的目标分歧，至少在故事开始是这样。

互动是一种解决分歧的手段，而工艺品没有任何行动——既无资源分配也无交换，除非我们认为工艺品的天性就是保守并抵制任何干预。尽管工艺品可能通过其形状、结构或物质构成对行为人或其行为产生影响，但这个案例更像是对一件物体的行为，而不是两个行为人之间的互动。在两匹马的案例中，通过动物之间的沟通(嗅觉、化学、视觉、触觉等)，实现了信号、需求、拒绝和威胁等信息的交换，成为一场真正的互动。"牙婆"的案例是典型的心理控制故事，这是一个意志不对称的情境，但在各阶段内仍展开一系列互动。卖蛋者被卷入了一个圈套，这事实上也是互动的核心，虽然分歧的解决条件不符合卖蛋者的意愿，但终究还是解决了。

在所有的案例中，都产生了结果，但性质各不相同，工艺品只是简单地被更改，没有达成协议；两匹马找到了一起生存的平衡方式；三巧找到情人来填补其孤独的空白，补偿她对丈夫的怀疑；买蛋人做了场好买卖。

从整体来看，假设我们接受本节一开始提出的定义，除"与工艺品谈判"之外，所有案例都满足这四个要求。而使用的方法，无论是妥协退让还是操控欺骗，并不会改变谈判的概念，相比之下，如果谈判之中只有一方行动，得到的只是执行决定的情形，而不是谈判行为。而缺乏明显分歧，则是一个更为复杂的问题。在某些情况下，不管有没有分歧，人们还是会开始谈判。最终的结论必须与主观性有关。如果人们认为或假定可能存在目标、方式和/或观点的分歧，那么便有了谈判的空间。

此处提出的定义具有四个基本要素，范围足以涵盖所有种类的谈判（无论语境与内容）。显然，其优点在于：简洁、无歧义、不繁冗以及跨文化的特征。它表达了谈判的真正本质：一个为达成协议而进行的互动，一个共同的决策过程。

仪式与谈判

从某种方式上，社会流程（即社会符号的管理）的仪式化形成了对个人行为的控制。文化影响与现存的结构可大幅缩减谈判者的回旋余地，但它们会完全将其压制下去吗？在谈判进行到仪式阶段之前是否有沟通和交换的空间？在谈判中，仪式究竟起到什么样的作用？它的作用是否仅限于界定流程的各个阶段或在流程中树立基准？在传统社会中，以及在仪式有时不怎么受重视的工业社会中，仪式有什么重要意义呢？

仪式与谈判之间的关系，模棱两可，不甚明了。之所以说它模棱两可，是因为专业人士之间如果不经过一些仪式性的部分，也就无从进行谈判，但仪式本身不能构成谈判，因为它不会赋予流程决定性，尤其在结果上。仪式可能为谈判过程建立基准，构建一种安全带，划出侦查线，表明参考点。仪式的实施通过其社会可信度和机构性价值使谈判的参与者以及随后的谈判合法化。仪式中彰显了这些价值，打消了人们的疑虑。比如，在中国文化中，它是文明人的象征。掌握了仪式，就相当于获得了地位。

模糊性在于虽然谈判者的编排可能在策略与文化维度上受到限制，但还可以得到战略上的应用。因此，一个谈判者为了改变博弈的性质可以表现出不懂博弈规则的样子。

在“共同支付交通罚单”的案例中，参与者们在最初准备期间，把一些料想不到的事情纳入了预案。在“骑车在北京”案例中，骑自行车时的关键一点就是围绕交通规则行事，如此定会对最终结果产生一定影响。在“打掉一颗牙”的案例中，调解过程必须以高度仪式化的流程执行，才能展示出充足的可信度，让整个群体共同恢复村子里的和谐。在这一点上它与“亲族内的谈判”案例非常相似。采用仪式有助于参加者们把冲突控制在一定限度，并确保执行协议的必要社会约束力。在“图什拉塔对埃及法老的请求”中，象征物的交换仪式被图什拉塔看成是其与法老们联盟之事实的持久保证。在“尼亚贝达惨剧”和“新几内亚高地的和平谈判”中，冲突决议流程的仪式化确保了这些流程的社会可信度以及各方对协议条件的尊重。将谈判流程和其结果仪式化，从某种程度上赋予了其社会神圣性，为此增添了无形的价值。

自我谈判

自古以来就存在着对内在选择与自我谈判的讨论，而最近这一讨论由决策理论重新提及。第一步在于界定问题或目标，然后找出所有可能的方案，最后按照预先选择的一系列标准为这些方案排序，标准包括，例如，这个选择对问题的影响或从节俭角度看解决问题的成本。

陀思妥耶夫斯基的《罪与罚》为人内心的冲突解决这个话题提供了新的审视角度。将谈判理论的分析方法运用到内心争论中，为我们开辟了全新的方向。这个过程也许看起来有点故弄玄虚，但其中显然包含了启发式的价值：它利用了该现象中深层次的本质，即分裂人格两部分之间的冲突——杰柯尔与海德现象(Dr. Jekyll and Mr. Hyde scenario)。谈判者们处理问题的方式通常没有陀思妥耶夫斯基那么激进，因为谈判者的目的并不是要谋杀什么人。但在许多人的职业生涯中，人们会遇到对立价值观的选择，或者要做出方法不一致的决定，或被迫在完全相左的策略之间做出选择。

我们能说与自我的谈判符合前面提出的四个条件吗？由于这种谈判中

不具备冲突中两个自主的参与方，因而不能满足第一个条件，除非我们采取一种精神分裂似的方法，将人格分解。

该案例有趣的地方在于优先权的发展，以及随着个人与身边环境互动并从中学习，进而对问题的认识也发生了变化。在这种假设中，想象的或真实的活动主要包括管理认知变化，正是这一点在这类情况与属于妥协—和解方法的情况之间划清了界线。

问题界定与谈判隐喻

参与谈判的行为人如何界定利害问题，是至关重要的，因为他们对待问题的态度，对其行为会产生强烈的影响。如果把谈判看成是一场争斗，就会在谈判进行中采取某种伦理。如果将谈判理解成一种意识，便会选择其他类型的伦理。通常用比喻来表达和描述特定情境，以加强某种特定的伦理。本书中的谈判故事带来了新的比喻，为审视其启发能力提供机会。

建立交易条件，取决于界定问题或情境的方式。“餐厅里的争执”案例中，展现了请客吃饭时谁来付账的文化差异。关于究竟如何定位这个情境以及各方的功能身份为何——究竟谁是客，谁是主，谁来付钱，双方的观点大相径庭。

其中一些案例中，如“共同支付交通罚单”，提到了重要的一点，即参与者的集体责任意识遭遇西方社会人尽皆知的个人职责时怎么办。对问题根源——也就是谈判基础的错误处理，在更为广泛的范围内加以衡量，而不是像西方人的一般做法一样。如果个人犯错，是因为他或她没能得到足够的支持、信息或教育，正如“中国侄子”的案例。在考量整个问题以及每个人为解决问题而应承担的责任时，需要考虑的场景宽度毫无疑问会与文化因素有关。

解决冲突时，长期后果也是重要的一方面。重要的不只是公正——可以付诸实施的公平准则，还有未来的关系要考虑。这也是传统社会中看重的一点，整个谈判过程都主要围绕着恢复群体成员之间的和睦关系而展开。

问题的界定建立了一种初始的观点，这种观点会随着谈判的进行而改变。这样一来，谈判就变成了一种通过习得更改观念、看法、行为的过程，还可能改变各方在谈判中的目标。当退让—和解方法无法实施或不奏效时，重新界定的方法是突破僵局等的基本工具。

通过改变谈判方在某一问题上的立场，参考点也会在谈判流程中起到重要的作用。例如，“冷藏室里的谈判”一文，由于缺乏沟通带来的不确定性以及由此产生的误解，让卖方大幅修改了他的报价。我们可以认为，之所以出现这种情况，是因为参考点的变化直接导致了他降低自己的期待值。在“完美的对调”一文中，准确描述了参考点的作用：双方之间的参考点一旦发生变化，问题就消失了。在“小物一件”中，小小的火柴盒从一件免费的赠品摇身一变，成为正常交易下的一个元素(双方都做出让步)。挂钩是销售人员惯用的基本技巧，从精心选择的参考点出发构建整个谈判流程，以使结果对自己有利。“从不多付一分钱”呈现了一个重新评估某项资源价值的典型心理流程。挂钩中发生巨大变化的是那鲁斯丁为驴子制定价格的参考点。

界定的本质、问题表述和嵌入逻辑的隐喻、方法的广度、长期后果、重新界定某个情况的机会以及发挥参考点作用的机会，都说明了仅在这一个谈判的组成部分上，就有如此之多的选择。

语境的意义及其与谈判核心的关系

谈判语境与谈判之间的关系为我们理解结果与流程之间的关系带来了启发，并提出了决定论的议题。我们难以辨别各方之间权力关系是如何影响谈判的。未来研究的一些主要问题中包括，新情境的分析是否能带来新的结论或展现新的或不同的权力情景组成，还包括流程动态在多大程度上更改语境因素以及如何更改。

斯特劳斯(Strauss, 1978)在批评那些他认为是微型社会谈判方法时，坚持认为有必要将谈判的分析与更广阔的结构性因素联系起来。语境和社会秩序必定存在于谈判过程可能的变量中。谈判不是偶然发生的事件，因此不应与其发生的社会条件割裂开来。

如果我们现在来考量一下 Faure(2000a)详细叙述的分析—功能模型，影响谈判流程的一系列变量被分成三类，每一类都体现了一种特别的逻辑：战略类、跨文化类以及结构类。将这个模型应用在中国技术转移谈判的案例中时，表现出来的内容不仅与这种结构类别相关，也说明了其作为最终结果解释的重要性。

谢林(Schelling, 1978)巧妙地分析了微观层面和宏观层面的关系，以及前者如何对后者施加影响。宏观反过来影响微观谈判流程的方式也在本书中的一些案例中加以呈现。例如，“骑车在北京”一文中展现了超级谈判的方法，该方法最终目标是在相互依赖的情况下实现交通管理。整体目标的实施借助于一系列微观层面的行为，这些行为受到整个博弈结构的制约，同时又影响了博弈的实际情况。合作在此时意味着系统的可行性，很大程度上取决于这两个层面的相互关系。

如要想让系统有效，必须对博弈的规则有一种统一的认识。否则，即将展开的不再是一场超级博弈，而是并行展开的几个超级博弈。

谈判虽说是由一个社会构成中的社会参与者而产生，在某种程度上属于社会建构，但系统的有效性有另一个前提，即保持足够的不确定性，没有这个前提，行为将不受选择的调控，而只受语境结构因素的限制。那么，谈判分析就会陷入决定主义理论。

“亲属平台内的谈判”一例展现了整个谈判过程的社会根基，体现了当社会价值与个人利益发生冲突时，社会价值的影响范围。在“与自己谈判”一文中，拉斯科尼科夫必须先构建一种超级博弈，然后才能为了一项并非一己私利的事业而做出不一样的行为，并由此逃脱了平常个人行为的一些基本限制。

“巴厘岛乞丐”的故事也展现了如何象征性地将普通的交易转变成超级博弈，将外部因素以及原本不存在的意义也包含进来。通过对冲突结构的转换，合理性的问题也被大幅改变。

隐性谈判

从本书的各个故事中可以看出，全球的人们（甚至还包含少数动物）都在正式或非正式的场合中进行谈判。谈判行为无处不在，以至于人们很多时候根本都没有意识到自己是在谈判。况且，在某些文化中，社会价值不支持此类的谈判，因而会有一系列隐性谈判应运而生。这些隐性的、不便明说、不可见的谈判是我们日常生活的一部分，但在谈判研究中仍未得到足够重视。

隐性谈判会采取多种不同的表达形式。有一天，在法国的某个乡村，六七个病人坐在医生的候诊室里。空气凝重而沉滞，有人站起来，打开了窗。当时正是冬季，冷风猛烈地吹了进来。这时又有人站起来，二话不说就关上了窗户。几分钟后，空气又变得凝重了。于是，第一个人又站起来，什么都不说，打开窗户，这次只是打开一点。没有其他人阻止，情况就这样维持下去。在这种情况下，我们具备了所有谈判的基本要素：参与者、目标的分歧、行动、妥协和沉默的协议。解决这个分歧根本用不着语言。同样道理，两匹马的关系也是一种无言的谈判，谈判中交换了一系列有关各自欲求、各自为达到欲求相应的决心以及可以接受的妥协等信息。

有关贿赂的谈判也会通过隐性的渠道进行。护照中夹着钱，由此获得某国的入境权，便是个典型的例子。如果边境保卫人员不接受钞票而把护照退回，仍拒绝让其入境，则说明所给的数额不足。该谈判不得不进入第二个回合，也可能还有第三个回合。在某些中东国家，类似的方法也被用来处理需行政审批的重大交易。公务员会把商人请到办公室。谈话中，他会故意打开办公桌的抽屉，并离开房间一会儿。商人会将装有钱的信封放在抽屉中。公务员回来，仔细地检查信封中装的东西。如果不满意的话，他会把信封原封不动地放回，并再次离开房间。该过程会一直持续，直到公务员肯留在办公室，为此次沉默谈判关乎的中心项目核准通过为止。

社会学家们也曾借助互动学的方法来展示地铁的乘客是如何对可接受距离和避免眼神交流进行整体磋商调整的。北京的自行车流也可以看作是随动态流动而不断调整的大型过程。剩下的无法确定的事情则为个人谈判策略留下了空间，这些策略共同形成一个整体协调达成的秩序，而人们曾用到经典谈判中的所有常用方法。

"冷藏室里的谈判"可以算作隐性谈判的典型案例，因为在最初双方交换了一些基本信息之后，就再也没有什么交流了。谈判系统凭借一些假设来运作，而假设则取代了并不存在的交往互动。

超自然谈判方的参与

在西方人的观念中，谈判方一般仅限于个人、团体或组织。相比之下，传统社会中常引入超自然的力量作为无形的第三方。与此类似，希腊神话中我们也读到过神灵干涉人类事务的故事。《圣经》中更是提供了无数上帝与人类之间谈判的实例。当超自然力量出现时，我们是否一定要遵循特殊的逻辑呢？与神灵的争端应用什么冲突解决办法呢？此类事件能否作为新材料以增进我们对谈判过程的理解呢？

正如Faure(2000b)所论及的，传统社会的特别之处就在于超自然力量的加入，这种力量会改变谈判者的行为，毕竟这类干预只会发生在人类身上。有时，甚至会出现神通过人类中介而展现神的内部冲突的情况。于里(Ury, 1990)在研究卡拉哈里(Kalahari)的野人解决冲突后指出，他们相信，人类的冲突是由那些"想破坏善神的造物的恶神们"制造的。

另一类谈判发生于上帝与人类之间，可以"亚伯拉罕与上帝"为例。本质与地位的差异也阻挡不了二者之间进行讨论。本例中，权力的不平衡不再作为解释性的变量，因为谈判主要是基于戒律及其执行的条件。在"所多玛与蛾摩拉"的案例中，上帝仍然扮演决策者的角色，但这位决策者尚未完全下定决心，随时愿意对实施条件进行探讨。

让我们回顾一下“浮士德式的交易”一例，这个谈判的条件很高，对手也很特别——是个魔鬼。虽然双方地位不对称，但由于契约的存在以及陷阱——浮士德被魔鬼虏获未成为浮士德的负担，而魔鬼的时间越来越紧迫，这种不对称性也就不那么明显了。恶魔虽然天生具有超自然的能力，但也不是不可战胜的，无法替其抵挡人类行为的不可预见性。从这些案例来看，与神灵和超自然能力的磋商不具备极为特别的特点。磋商过程遵循着建立原则和基本程式的逻辑。

超自然力量介入谈判的另外一种方式发生在执行阶段。它们的作用是确保语境能正确地执行。这在传统社会中，如非洲的一些地方（Tuso，2000），是一种十分普遍的做法。人们认为，上帝会惩罚那些不尊重合同条款的人。类似地，600 多年前，明朝时中国签订的一个商业合同提到，那些违背合同条款的人将会人神共诛（Pye，1982，Faure，2000b）。

升级与陷阱

虽然谈判的目标在于解决冲突，某些种类的谈判却以冲突的升级激化告终。在这种情况下，谈判者会觉得置身于一个僵局，被困在一种有时完全有悖常情的逻辑中。什么条件会导致此类情况的发生呢？一旦冲突正朝着升级方向发展，有什么方法才能让其反向，降低冲突的等级呢？谈判者如何挣脱陷阱，重新振作谈判的气势，再次开始这个过程呢？

冲突升级可以定义为一种冲突观点下互相强制的机制。将一个动态过程升级有许多种途径，包括手段、目标、价格、谈判方、概念以及风险（Zartman 和 Faure，待出版）。这种概念有两方面的含义：要么其中一方选择一种让冲突升级的方法，要么整个冲突的强度增加，或变成另外一个等级。

“与自己谈判”为我们展示了一个有趣却又不很常见的冲突激化案例。罗迪翁陷入善与恶的内心冲突，这种冲突在他的思想甚至生活中的影响日益增加。在该问题剧烈激化时，我们可以发现，日益明显的恶魔化趋势将对他最终的决定起到关键作用。

在“牡蛎与诉讼人”中，争执双方围绕共同发现的牡蛎的所有权引发冲突，冲突的升级激化促使二人寻找外部解决方法，在该案例中，即仲裁。在现代背景下，这是一种解决各类冲突极为常见的做法。该案例告诉我们，为了回应冲突的激化，负责仲裁一方的要求会增加，最终会将所争夺资源中的一大部分分给自己。此类冲突的升级有几个层面：一是各个参与者的需求，二是谈判方的数量，三是进行干预的第三方。这种案例当然适用于大量的调停者，只不过方式更细微而已。

“耐心”展现了一种经典的冲突升级激化情景，及其给一个外国谈判者所带来的压力。适合此处的常见方法包括分配式战术，如威胁、对方抵抗程度的测试，潜在且持续的时间压力以确保对最终结果有足够的不确定性，最后便是采用僵局法。这是一种基于耗损策略的方法，缓慢、耗费心力、形式多样，在该案例中并未取得所预期的成效，因为这个外国游客已经熟悉这种伎俩并努力让自己不过于受其影响。此处又一次说明了，要想让冲突的激化产生预期的效力，它必须具有主观影响力。

陷入圈套与冲突激化虽然具有明显而直接的联系，但不可等同视之。陷入圈套可以定义为“为了达到某种目标而坚持毫无益处的行动，其特点是一种因投入太多而不便放弃的观念”(Rubinetal, 1994)。“愚蠢的卖蛋者”中的主人公被一系列自己没有留心的手段带入了圈套。他从来也没有考虑过行为的长远后果，因此被买主玩弄于股掌之间。这是一个盲目听信的案例，他认为付出(此例中实为浪费)得太多，无法回头。此外，剩下的被看作是一种投资，即使收益比预期少得多，他也要尽力保护以取得一些收益。让那个买者走开，无疑会意味着投资变成只剩下开支，最后一无所获。

“你付船钱了吗?”这个故事与其他故事性质不同。司机乔治通过谋划一个僵局，成功地摆脱了一个经典的勒索情况，这个圈套中第一个遭到破坏的就是勒索系统本身。在此例中，圈套的受害者不是乔治而是其他想渡过刚果河的司机们。他们在河边耗费的时间对他们来说是一种投资；投资的价值以及当时又没有其他解决方法，让他们更专注于迅速解决问题。他们解决（即让船夫干他的活）得越快，其他司机就能避免更多损失。

“骆驼背上”是陷入圈套的典型案例。受害者被逼无奈，不得不同意埃及导游的条件。跳出圈套的办法之一是让冲突升级，双方都会损失巨大。例如，无论言语多么粗暴，摄像机和骆驼可以看作是应倍加看护的资本。主观上的激化可以看作是解决这种僵局的办法。从长期来讲，时间的流逝对双方来讲都是不必要的损耗，应当避免，因此它可以在帮助这个希腊游客摆脱极为尴尬的境地时起到积极作用。

交易条件程式

交换是谈判过程不可或缺的组成部分，比如信息的交换或退让条件的交换。但谈判不仅仅是条款的交换，还包括了诸多层面的内容；地位、情感、美学、价值与符号层面的交换，也会成为重点。本书中的故事为我们更好地了解谈判隐含条件的多样性并分析各个层面的互动提供了帮助。

我们可以定义一个程式，作为问题解决方案的结构。解决一种复杂的冲突，意味着设计一种程式（毕竟妥协—和解模型只是用于简单的情况）。在巴厘岛乞丐的案例中，他通过编造交易条件，拿洋葱作为米或钱的等价物，巧妙地将一个普通的请求转化为正常的谈判。通过创造交易条件，这个乞丐成功地改变了自己的身份：他不再是个乞丐，而是变成做小买卖的商人。

“牙婆”一文主要是为三巧制造一种需求。通过使用花招和欺骗，牙婆给三巧灌输了一种感觉，即她受到了丈夫不公平的对待，理应得到弥补。牙婆随后按照自己从头到尾的计划，为她提供了交易的条件。

“餐厅里的争执”为我们讲述了两种程式——日本程式和希腊程式之间的较量。最后，希腊人采取了第三种程式——“今天我来付，下次你们来付”，最终方才解决。程式需要一种公平的感觉，双方都应分担。交易的条件必须让双方感觉对等，符合公平的标准。这是双方接受协议的前提。有时，各方掩盖事实所导致的不确定性仍然很显著，妨碍了协议的质量，从“浮士德式的交易”中可以看出。

“哪一半属于我?”案例中，交易条件建立与通过的前提为：平分牛奶。但实施的过程中，当那位老先生意识到糖不足以在二人之间平分时，便出现了争抢。

“亚伯拉罕与上帝”的谈判表现了找到一种谈判程式，是让上帝加入谈判的最有效的办法，随后两人只需对细节问题进行讨论。上帝一定是善良的，这是程式本身的思想基础。只要把握住这一原则，上帝也会受制于它，也必须与交易的条件保持一致。

“完美的调换”中，所用的程式不难达到公平的标准，因为各方所要求的完全相同。对称的主观不对等性才是驱动整个谈判的唯一诱因。“女孩的愿望”的案例中，华裔美国女孩的目的在于找到一个可以让她也享受煎饼的本地价格的参照物。通过列举一些熟人，她最终成功了，即便不是按照本地价格，但交易的条件比原来对她有利得多。

保全面子和家庭的和谐有时是在寻找解决冲突方案时需要权衡的因素。这也是“中国外甥”一文中所描述的：根据西方标准，这个侄子就是个小偷或是骗子，但受害者们却从没有人把他当成小偷或骗子。对可接受交易条件的寻找必须既能为侄子保全面子，也要是一个长久之计，让所有人都免于大麻烦。

第三方干预

这个主题贯穿在许多故事之中。此类干预的目的都被认为是克服谈判中遇到的难题，达成其他方法下不易达成的协议。“牡蛎与诉讼人”的案例表现出各方将命运置于无道德原则或贪婪的第三方时所冒的风险。

在其他的故事中，第三方干预似乎对形势有利。在本书筹划工作中，专门召开了这些故事的专题研讨会，Sung Hee Kim 分析道，谈判者们为了巩固其谈判权力，有意将两方的设置转为三方参与。为了达到这个目的，他们会采取以下四种策略之一：

—— 让第三方相信，没有他的参与，事态的进展同样会对他带来不利的影响。这对第三方为了维护自己的利益而涉足此事起到了极大的助推作用。在渡河的故事中，其他的卡车司机明智地参与到冲突之中，因为只要这个问题一刻得不到解决，他们的卡车就要滞留在岸边。"在韩国买卖哈姆"这个故事中，由于一方为邻居们制造噪音，让他们无法休息，导致邻居们被动地成为冲突的一部分，出面让新娘家解决问题(该情况下是做出让步)。

—— 改变第三方对另外一方的看法。第三方如果对一个谈判者抱有成见，那么有可能会阻止该谈判者邀请第三方进行干预，或者督促该谈判者为了在第三方前来参与讨论之前给其留下较好的印象而做出些许退让。韩国"哈姆"(*Hahm*)的故事就是一个很好的例子，因为在一个极为注重声誉的社会中，新娘的家庭不愿在邻居面前显得非常吝啬。巴厘岛乞丐使用类似的策略，如果主人不给米或钱，他们就拒绝离开。在两匹马的故事中，照料者则属于第三方，他的在场对起主导作用的那匹马的行为起到了一定的震慑作用。

—— 为了第三方的福祉，让解决方案更易于接受。这样做会让另一方的行为显得大公无私。"餐厅里的争执"便属于这种情况，日本人想付饭钱，以满足自己太太(作为第三方)的社会礼貌感。与自我的谈判中，拉斯科里涅科夫利用第三方来说服他个性中的另一面按照计划执行，谋杀老债主。他将老太婆的所有所谓的受害者都算在内，如果老太婆死了，那么他们都将摆脱水深火热的生活。

—— 利用第三方作为共同的纽带，以达到自己的目的，比如让双方之间不再陌生。心理学研究表示，相似性会增加喜欢的程度，由此促使协议的达成。在“喇合与侦探”的故事中，双方互相敌对，似乎没有什么共同点。但事实上，他们对上帝的认识类似，这让他们之间建立了某种信任。在“女孩的愿望”中，宽通过说出他们共同的熟人，让摊主做出让步。熟人由于在两人之间建立了某种联系，改变了摊主对宽的认识，因此起到了第三方的作用。

在故事的筹备研讨会上，Pruitt 主管强调，在非工业化社会中，群体的调解是又一个常见的主题。三个故事展现了其平息怨恨、调和冲突双方的双重作用。最终的目标在于群体内和平与和谐的维护与恢复。在“打掉一颗牙”、“亲族平台内的谈判”和“尼亚贝达惨剧”中，呈现出了一些相同点。三个案例中，都是由备受尊重的群体长老们执行调解工作，而且常在冲突发生不久之后，就强制对争执双方执行。这些调解可能很耗时，而且很少保护隐私，因为群体内的大部分人都会参加。措施包括调解与仲裁两方面，且不支持冲突双方自行解决问题。最终的协议或决定常常与群体的规范保持一致。冲突常常以和解庆祝典礼告终，整个群体都可能出席。

这种做法在世界许多地方都能见到。它们是对某一特定种类的群体问题而产生的社会响应，尤其适用于独立或半独立的小群体，他们力图避免通过官方司法程序实现冲突的宏观社会管理。

权力问题

谈判的不对称性极为常见，研究弱势一方如何利用这种不对称性、让结果朝着对自己有利的方向发展，是个有趣的课题。筹备研讨会中，特伦斯·霍普曼(Terrence Hopmann)曾指出为达到该目的而被采用的几种技巧。

援用普遍原则

亚伯拉罕在与上帝谈论有关索多玛和蛾摩拉问题时，援用了普遍的原则。他知道，他正在谈判的对象原则性强，因此，这样做会很有说服力。这种方法只有在双方遵循相同的原则时才能奏效。在“拒绝统一”中，波兰警察想尽办法要从法国游客那里收取巨额罚金，但这个法国游客并没有被他的诸多威胁吓到。警察将此事报告上级后，并未获得其所在机构的支持，也找不到用来维护其立场的实际法律依据。好几个小时之后，他不得不为这个游客放行。此案例的普遍原则是公平、正义和遵守法律，这个波兰警察自己也许并没有做到。将此案移交上级权威，相当于要援用这些原则，因此弱化了这个警察的地位。

创建情感纽带

两匹马的故事很好地诠释了这一原则。占主导地位的马似乎为了维持一种“友好”关系付出了代价。例如，水少的时候，它便不再专横，而是让小马驹与它喝等量的水。

限制强势一方的选择权

权力也意味着控制结果的能力。在渡河的案例中，船夫控制着在那一带渡过刚果河的唯一通道。他的地位是他得以从过路人处收取大量钱财。乔治·布尔通过用车阻挡过河通道并排除了将车移走的可能性，极大地削减了船夫的选择权。而对于韩国哈姆，新娘的母亲通过表现出对买下哈姆不感兴趣，削减了新郎一方的选择权，让其为防止破坏婚姻无论如何也要将其卖出去。

在平分一杯牛奶的案例中，那鲁斯丁威胁说在他那一半牛奶(先喝的那一半)中放盐，扭转了不利局面。最后，整杯牛奶中既没加盐也没加糖，这种方案要比把最后半杯牛奶变得又甜又咸要理想得多。那鲁斯丁威胁向牛奶中加盐，极大地削减了另一方的选择权。

召集第三方

借助第三方的方法之一在于构筑联盟，这样可以在与另外一方的交锋中获取更强的谈判力度。另一种方式是参与调解或仲裁，其中起作用的是公平原则而不是权力。成功做到这一点的有，比如说，黎巴嫩夫妇的案例，以及非工业社会中传统群体的调解案例。

运用知识与信息

信息常常是增加自身权力地位的基本方法，或至少降低双方的不对称性。这正是在危地马拉“遭遇‘绿色访客’”时所发生的。权力的天平显然倾向于游击队一方。庄园主要更好地抵抗这些侵扰，就要做好心理准备，同时提前为绿色访客的要求做准备。这样一来，压力减小，对话的基础得以建立，强制的行为并未导致此类情况下一般产生的极端后果。

在观念上，处理权力问题的另一种方式是考察依赖的程度。在这种情况下，安全点的概念成为了解释的变量。安全点是指在没有谈判的情况下一个人认为自己可以取得的结果。谈判者的安全点越高，在谈判室之外他所能取得的就越多。此时运用权力意味着提高自己的安全点或降低对方的安全点。比如，我们可以从渡河的案例中看出，随着时间的流逝，船夫的安全点急剧下降。在冷藏室的谈判中，夫妻双方通过不与卖方交谈，保持了此次交易的高度不确定性，借此一点点降低了卖方的安全点。

信任与欺骗

通常我们关心谈判对方的利益时，信任问题便彰显了出来。在谈判这种关系中，为了满足双方的需求，必须交换信息。只有确保了对方不会利用其披露的信息来伤害自己，谈判者才愿意透露自己的信息。因此，一场各方寻求达到帕累托最优(Pareto optimum)的综合谈判中，信任是其基本组成。

“喇合与侦探”的故事是一个有关理性信任的案例，喇合背叛国王对自己有利。因此，她把侦探藏起来，对他们的存在秘而不宣。上帝的旨意当然是一个强有力的动力，让她做出这样的行动。在“女孩的愿望”中，信任是通过一种为彼此带来亲近感的共同的纽带建立起来的。在中国的文化中，缩减社会距离感是建立友好关系和信任的强大助力。在“国外亲身经历”一文中，情况从强烈不信任到问题解决方案的构建，有一个演变的过程。这个过程完全改变了各方对另一方的认识，并有助于消除此前弥漫的极大的不信任感和敌意。

谈判是一种结果不确定的博弈，其中一系列社会上可以观察到的行为也可以在某种社会聚合体中发现。欺骗就是其中的一种行为。欺骗可以定义为对某人喜好的有意虚假陈述，诱使另一方按照特定的方式行动。

“骆驼背上”很好地展示了欺骗行为。骆驼主人说谎，做出虚假承诺，企图从游客身上骗钱。他对自己的行为并不感到羞耻。相反，他却怪希腊游客太幼稚，竟然相信骑骆驼会是免费的。

“中国外甥”的故事展现了一种更为狡诈的欺骗方式。首先，这个外甥分阶段地欺骗家人，所以其效果不会立刻彰显。第二，这个外甥——西方标准下就是个“骗子”，从未承认他自己有做坏事的意图。第三，中国文化以及对家庭系统的重视为他提供了一些盟友，帮助他平息受害者们的怒气。在整个过程中，家庭成员从未使用“欺骗”一词或任何类似的词语。第四，他并不拒绝在未来的某个时间弥补受害人的损失，但这可能只是一种继续欺骗的方式。

第三个案例更为隐晦，因为受害人从未意识到自己被骗了。经过牙婆长时间的心理准备——最初构建信任，最终让三巧怀疑丈夫的忠诚，三巧终于成人之美，落入他人股掌之中。该案例的另外一个特殊性在于它需要第三方来完成这项任务。三巧将牙婆看作朋友，认为牙婆的可信度高，而牙婆也充分利用了这一点。

在本书的筹备研讨会中，史蒂芬·布拉姆斯(Steven Brams)根据以下故事提出了三个欺骗手段理性选择的标准：目的性、信息不完整和耍花招。每个使用欺骗的参与者都期望借由该行为获得利益。他们制造了一种适于其取得优势的情境，并认为如果自己对对手完全真诚，那么永远不会获得这种优势。信息不完整也是欺骗奏效的一个条件。如果谈判方能够看出所有诡计，那么就没有欺骗存在的余地了。此外，受骗一方通常不会意识到自己在对情况或对方真实意图的认知方面存在的缺失。似乎所有人都明白要花招是怎么一回事,因为一开始,所有受害者都抵制对方的要求或给予。通过典型的谈判工具——说服,他们最终才改变了态度。

谈判准备与时机的成熟

有几个故事讨论的是参与者谈判准备的概念。谈判者为什么选择用谈判来解决冲突呢？Pruitt(1997)和Spector(1998)曾经对谈判的准备程度进行了研究,将其作为变量,用以解释谈判者们的行为。准备程度受两个因素影响。首先是行为人解决冲突的动机,这取决于其对冲突成熟程度的预计以及对成本与收益的认识。第二个因素——乐观主义,是一种心态,可以定义为一种可以找到让双方都能接受的协议的感觉。第二个因素包含了根据技能、此前经验和资源,有能力找到这样一个协议的感觉。这两个因素——解决的动机与乐观主义结合起来时,便会形成谈判的决定。

有几个故事论及谈判能力的来源。其一便是以前的经验。韩国哈姆的故事就展现了这一点,新娘的母亲已经在她的年长女儿出嫁时经历过类似情况。希望搭船渡过刚果河的司机此前也听说船夫是如何滥用垄断之权,尤其是在对待外国游客的时候。有关“绿色访客”的故事中,也表现了庄园主如何从此前的经验中吸取教训,以沉着应对与游击队困难又具有潜在危险性的遭遇。

合理性是谈判准备的另一个来源,通常源自非工业社会的传统。在黎巴嫩小两口的案例中,协调人通过其地位和可信度对谈判施加影响,也让双方准备严肃对待,考虑退让的可能性,改变双方关系的形式。

适应能力对谈判的准备就绪状态起到了重要作用,这在北京骑自行车人之间的非语言谈判一例中有所体现。为了在最终的动态谈判流中取得成效,需要骑车人能够观察、理解并诠释微细的非语言信号,能迅速对情况进行辨识并迅速作出行动决策,还要在发生意外事件时能够作出预期、灵活应变。

透过博弈理论看冲突情况

博弈理论能用正式的类型分析那些定性的冲突，因此可能会对本项目带来一些独具特色的内容。作为应用数学的一个深奥的分支，博弈理论通常有以下三个作用：

—— 用理论术语诠释既定的冲突情况。

—— 为谈判中的参与者的行为提供解释，以便更好地理解这些行为。

—— 为参与谈判的人提供行动建议，以获得有利的结果。在我们的故事中，这样的建议当然只能在事情发生过后才能提出。

从博弈理论的角度，任何一场谈判都代表着某种冲突，而博弈理论最初的创立也是为了解决冲突，因此，博弈理论是分析谈判的合适工具。从语用学层面，博弈理论学家使用 bargaining（讨价还价）代替 negotiation（谈判）。但如今，这两个词意思相同，并用于同种情况。以下对本书中三个故事的简短分析援引自鲁道夫·艾文豪斯（Rudolf Avenhaus）在筹备研讨会上的贡献。

第一个案例是有关《约书亚记》中记载的喇合与侦探的谈判。在非合作性二人博弈的大背景下，铸就了这场谈判，喇合走出了第一步。她深信上帝是站在约书亚和希伯来人一边的，约书亚必定会攻打并占领迦南，因此她必须决定是否要主动救出这些侦探。侦探可能接受她的帮助，也可能不接受；接受意味着他们答应在占领迦南后拯救喇合与家人的生命。但即使他们接受帮助并逃出生天，他们仍有权决定是否遵守诺言。

喇合可能的策略只是主动提出帮忙或者不这样做；侦探的可能策略在于接受帮助或不接受，如果接受，则在于是否履行接受帮助时做出的承诺。根据纳什（Nash，1950，1950）的观点，解决博弈的问题意味着确定一对策略，让双方的利益天平达到稳定状态，而不是倾向一方。

我们通过一种反向推理的技巧来决定。首先如果接受条件，侦探一方将得到比拒绝高得多的回报，于是他们接受了。他们一旦接受了条件，就必须决定是否要履行诺言。他们知道这样做的话，只会对他们有好处，因此他们履行诺言，收获了最佳效果。而在喇合一方，如果她提出帮助侦探的话，就能取得对她来说最有利的结果；而如果她不帮侦探，回报就很低。我们认为，双方最佳的策略就是，喇合主动提出帮助，而侦探则接受这个帮助，并履行诺言。

那么，我们从这个正式的分析中可以得出什么结论呢？最初，人们可能会反对说整个推理过程，从选择方案到结果，本可以口头表述出来。没错，在简单些的案例中，博弈理论其实不过是被书面化的常识罢了。但又不止这些，哪怕是这么简单的一篇分析。

将策略和结果付诸笔端时，我们被迫确切地阐述我们的假定。实际上，我们在这样做时将第三方——约书亚也考虑了进来，约书亚虽然未坐在谈判桌旁，但他拥有最终的决定权。人们可能仍然认为将约书亚考虑进来只是常识，但现在我们不得不进行其他一些不再是很明显的假定，例如，对于约书亚是否会遵守诺言，喇合与侦探是否持有一致意见？

让我们看一个自我谈判的例子，有关罗迪翁·拉斯科里涅科夫比较戏剧化的故事。与上面分析的故事相反，我们现在假设，两种备选方案——“杀”与“不杀”由两个人同时作出决定，而不是先后决定，借此反映出两个人之间确实在进行激烈谈判。

在两种情况下——一方选择“杀”而另一方选择“不杀”，两个参与者取得最坏的结果，因为他们无法达成统一意见。如果两个人都选择“不杀”，那么好罗迪翁取得了最为有利的结果，坏罗迪翁则得到了第二坏的结果；如果两个人都选择“杀”，那么好罗迪翁得到了第二坏的结果，而坏罗迪翁得到了次优结果，因为他毕竟也害怕被抓住而遭受惩罚。

这次我们要采取一个绘图的方法，寻找这种博弈的解决办法。让我们看看双方的这对策略(杀，杀)。如果只有其中的一人背离了这个策略组合，那么这个人将得到更差的结果。所以，他不会这样做。而(不杀，不杀)这个策略组合也是一样。因此，我们得出了两对均衡策略(equilibrium strategies)的结果。

实际上还存在着第三种均衡策略，可以从所谓的混合策略（mixed strategies）中找到，那就是在某种可能性前提下选择的策略：让参加者Ⅰ（对应选手Ⅱ）选择“杀”的策略，可能性程度为 p（对应 q），另外一个策略——“不杀”的可能性就是 $1-p$（对应 $1-q$）。此处的均衡策略不同，相应的均衡结果也就不同。应当补充一点，如果双方采用所谓的最大化策略，即如果他们假设对方会选择最不利的策略，而将自己的结果最大化，就会取得这样的结果。

现在我们面临着真正棘手的情况：我们有三个均衡状况，没有一个会为双方带来比其他策略更好的结果。罗迪翁应当怎么做呢？换句话说：这个博弈有三种均衡策略，但没有一个会主导最终的结果，通过博弈理论的解释，再现了罗迪翁内心的挣扎。如果像喇合与侦探的故事中那样只有一种均衡策略，与自我的谈判可能很快就会停止。进一步来说，罗迪翁一旦认识到必须由好坏罗迪翁共同作出决定，就没有什么具有绝对说服力的惯例来这样做：解释纳什谈判方案中的数字结果将让我们的定量分析离题太远（纳什，1950）。

让我们看一下在骆驼背上的希腊游客的命运：他十分幼稚地相信了那个埃及人肯不收一分钱让他坐在骆驼背上，而一旦他坐在了上面，就成了对方的人质。如果这个游客不支付两个埃及磅，骆驼的主人是不会让骆驼蹲下、放他下来的。现在，他迫切地想知道，在那种尴尬的境地究竟可以采取什么办法。我们且不说他非常幼稚，这一点他自己也知道。让我们想想，可以给他哪些严肃的建议呢？

与前面两个故事不同，本例中，时间起了决定性的作用。这并不是说，喇合与侦探之间、好坏罗迪翁之间的谈判就不需要时间。不同之处在于，在前面两个故事中，不必将时间算作考虑的因素，反正谈判基本上从一开始就摆在表面上，而在这个例子中时间成为埃及人手中的工具，代表着他的谈判权力。

有一些博弈理论模型明确地描述并分析了时间上的讨价还价。让我们看一下著名的鲁宾斯坦讨价还价模型(Rubinstein bargaining model, 1982),根据莫罗(Morrow, 1994)的简要描述,内容如下:两个人因100单位的分配而争吵。为了方便起见,我们假定这些单位是可以运输的物品。我们还假定这两个人都想尽快达成协议。每个回合的谈判包含两个步骤:提出条件和做出反应。为了行文的方便,每次提出的价格就是参加者Ⅰ在此次出价中得到的数量,剩下的数量归参加者Ⅱ。

随后三个回合讨价还价的博弈包括以下步骤:参与者Ⅰ提出条件,参与者Ⅱ接受或拒绝。如果他接受,那么博弈结束,否则参与者Ⅰ另外提出一种条件。如果参与者Ⅱ接受,博弈结束——但结果已经打了折扣——否则,参与者Ⅰ提出最后的条件。如果参与者Ⅱ接受这个条件,双方都得到了大打折扣后的结果。如果不接受,那么两人什么也得不到。

该博弈的分析又一次借助了反向推理。它说明,当参与者Ⅱ接受参与者Ⅰ提出的条件时方可达到均衡。

鲁宾斯坦模型(可以扩展到无限个回合)似乎捕捉到了我们的故事最关键的部分。那么该如何将其运用到我们的案例中呢?让我们假设,骆驼背上的那个人口袋中有几个埃及磅。虽然准确的数量埃及人不得而知,但从某种意义上讲这个人应该让埃及人知道他的口袋里带了多少钱,因为这毕竟是他能给出的最大数额。此外,预计一个谈判回合持续10分钟,那么我们有充足的理由可以认为这个谈判时间上没有止境:3个小时就是18个谈判回合,这对暴晒在埃及的太阳下、骑在骆驼上的人来说,太久太久了。

最后,我们假设游客的时间要比骆驼主人的时间宝贵得多。那么,骆驼主人的份额要比游客大,可能大很多。因此,如果游客口袋里最少有4个埃及磅,而埃及人要2个,那么按照分析的结论,游客最好马上给他2磅。

现在我们可以提出那个基本的问题——非正式谈判的正式分析有什么附加价值?我们先从最显著的实例——骆驼背上的游客这个故事开始分析。这个故事中,博弈理论提供了明确的建议,充分展示了其作为规范性理论的价值。不仅如此,这个故事还说明,这种建议很大程度上基于一个事实,即时间构成了埃及人的谈判权力,虽然马上给钱的建议如此简单,但也是通过博弈理论的分析，预见到可能进行多个谈判回合后得出的结论。可以说，它提供了分析问题的洞见。对于这种理想的实例，在一个重大的理论的帮助下，得出的却是常识可以解决的简单结论。

接下来我们要思考一下罗迪翁·拉斯科里涅科夫的自我谈判。两个参与者——好罗迪翁和他邪恶的另外一个自我——并没有征求建议，而且我们知道这场谈判最后悲哀的下场。那么我们分析的合理性在哪儿呢？答案是，我们只想了解罗迪翁的问题；换句话说，该理论应该为理解他内心的挣扎提供了一些洞见。我们发现，非合作模式有三个均衡点，而且相互之间没有起主导作用的均衡点，我们也提到合作模式提供了有点模棱两可的解决方案。理论的运用既没有带来简单的结果，也没有什么启发，说明谈判确实是个艰难的工程。

最后一个故事——喇合与侦探中，结果也是广为人知了。它代表了用理论来诠释的一类例子：在第一个故事中，策略组合、动态特征和结果都十分明显，但此例的分析表明，对约书亚决定的预期影响了参与者们的行为，也影响了结果。有人可能认为，本例中理论的应用只是说明了一些显而易见的道理，也可能不相信这些论点都在没有理论依据的条件下口述而形成，但这属于分析能力的问题，只与那些研究这些故事的人有关。有些事对于某人可能微不足道，对另一个人来说却可能很深奥，虽然，无论是绘图还是书面的诠释对于自然科学家来说都可能有用，但对于人文方面的读者，可能更需要一个清晰的口头解释。

应该强调一点，并不是每个谈判故事都可以进行书面的分析。有些案例过于复杂，而无法进行这种分析（Luce 和 Raiffa，1957）。

未来研究的方向

谈判分析的一个基本问题在于统一性和多样性。当我们回顾本书中讨论的这些案例时，对于概念中的单一的现象，我们有多种表述。谈判可以看作一种通过多个场景和大量的演员、事件展现其本质的情况或过程。一个有效的范式意味着可以抓住谈判的核心活动——基本的逻辑，包括过程中的多个层面，无论是策略上的，心理上的，还是文化上的。这个范式需要提供足够的空间，让各种谈判形式和表述都能容于其中，包括沉默的形式以及几乎不外化的谈判。

不同的人类群体之间，谈判者的做法大相径庭，不同的还有旨在理解这些做法并对其逻辑加以表述的理论假设。为了反映人类社会展现出来的多样性，与谈判相关的学术问题务必兼顾更多的情况(本书就是这样做的)。基于这个目的，研究真正的国际化应不仅仅将其他文化的数据和发现融入到主流研究中，而且要发展新的范式，提出新的问题，包括那些可能来自廷巴克图(Timbuktu)或白沙瓦(Peshawar)的问题。

谈判首先是社会活动的集中体现。它为一些与社会语境有关的问题提供答案。谈判关注于竞争与合作、和平与战争、交流、创新以及变革，目前展现的都是工业社会的动态发展。非工业社会在调节这些动态发展和引入谈判时有其他的方式。在所谓的传统社会中，问题和做法的种类与工业社会截然不同。它融合了人与超自然的关系、仪式的社会力量、理解谈判的特定方式以及更具大局观念的谈判方式。在谈判中，个人不再是真正的行为主体，而是一个更广阔系统下的元素。未来的范式不仅应更具有跨文化的性质，而且应当在作用上融合主要谈判要素，如认识水平、权力关系和价值。如今，谈判的研究主要集中于过程以及这个过程中行为人的活动上。谈判受到多种因素的影响，如战术、信息和沟通方面的原因，因此从以下几个层面展开：心理、关系、战略、经济、社会文化、生理学等等。这个过程非常复杂，因为各种行为层面都具有不同的性质，而且形成了特别的逻辑。变量的数目和性质纷繁复杂，使得谈判这种互动在不作精简的情况下非常难以理解。过程也很模糊，很多层面都不是直接展现在观察者面前的。我们必须征服、捕捉、发现、解读、推理或推测深层次的逻辑。此外，并不是所有谈判者的行为都是有意识的，他们的证言不一定会降低模糊性。

为了充分回应这些挑战，研究必须扩展其理论框架，接受跨文化的观点

(前面已经提到),并且重点关注跨学科层面。跨学科的方法与简单的学科并置无关。关键在于将学科间的观点以联合研究项目的方式扩展并实施。这是项艰巨的任务,但很有必要。谈判理论始于一个有利的形势,因为如果它产生于特定的学科之内,它便逐渐在各个学科内发展其潜力,并将其未来的发展方向指向一个能反映此前彼此竞争的学科之间更高程度的兼容性。在 Encyclopaedia Universalis——一部展现成就、局限和聚合的欧洲百科全书中,对学科走向进行了评估。

谈判的本质属于跨学科性质,这与所有生命表现形式相同,因此研究应该努力向这种现实靠近。这也是弥合理论与实践之间差距的条件,只能通过两步达成:带领实践者以行动为思想的导向,进而提高谈判结果的效用;并督促理论学家,以现有的大量论断为鉴,以现实为基石,较少精简主义,减少夸张的描述和模仿。因此,对于知识和有效性的追寻应当带来谈判理论界在跨学科基础上的结构调整。一些咨询方面的书籍已经朝这个方向做出了努力(Fisher 和 Ury, 1981)。未来的研究者应该是"先锋"以及解决学科内科学问题的"集大成者"。语言和分析应当采取新的特点,表现出该领域的丰富性。过程中,他们必须将谈判的核心融会贯通,另外,还要对这一过程进行研究,作为某种情境的元素,由此捕捉"谈判系统"的整体。

对于许多实践者(Kissinger, 1979)来说,谈判旨在寻求某种平衡。谈判研究必须关注另外一种平衡,即概念内核与应用领域的动态平衡。重点在于理论和实践来回往复的过程中接受双重给养,通过将某一领域内验证有效的措施用于新的领域,从而带来意识工具在各领域的循环流通。方法论学的工具,如实施模型、联盟理论、会议经济学、机构分析和论证分析,对于该领域发展新阶段可以做出有意义的贡献。

参考文献

Antoun, R. (1972). *Arab village: A social structural study of a Transjordanian peasant community.* Bloomington, IN: Indiana University Press.

Antoun, R. (1989). *Muslim preacher in the modern world: A Jordanian case study in comparative perspective.* Princeton, NJ: Princeton University Press: Chapter 4, pp. 119ff.

Barrey, I. C. (1988). Cohabitation et relation Homme-Cheval. *Recueil de Médecine Véterinaire, Horssérie déc.*, 88, 53 - 64.

Binnendijk, H. (1987). *National negotiating styles.* Washington DC: Foreign Service Institute, U.S. Department of State.

Blaker, M. K. (1977). *Japanese international negotiating style.* New York, NY: Columbia University Press.

Burgaud, F. (1991). Reconnaissance inter-individuelle interspécifique. 2eme Journée d'étude: Ethologie-Sciences Sociales, à paraître.

Burgaud, F. (1992). Modifications comportementales liées aux conditions de vie en milieu non naturel chez le cheval (Equus caballus). *Adret, Hors-série,* 1, 23 - 37.

Burgaud, F. (1992). Systèmes d'organisation sociale et communication chez les Equidés. In *Compte rendu du 2eme colloque d'EthnozooJogie-Ethologie.* Paris, France: Institut International d'Ethnosciences, 21 - 29.

Casse, P. (1982). *Training for the multicultural manager.* Washington D.C.: Society of Intercultural Education, Training and Research.

Chen, T.-J., & Faure, G. O. (1995). When Chinese companies negotiate with their government (with D. Chen). *Organization Studies,* 16(1), 27 - 54.

De Waal, L. F. (1992). De la réconcillation chez les primates. *Flammarion*, 382pp.

Deng, F. M. (1993). Northern and southern Sudan: The Nile. In G. O. Faure & J. Z. Rubin, eds., *Culture and Negotiation*. Newbury Park, CA: Sage.

Druckman, D. (1990). The social psychology of arms control and reciprocation. *Political psychology*, 11, 553 - 581.

Druckman, D., & Güner, S. (forthcoming). Diplomacy in the Amarna period: A social-psychological analysis. In R. Cohen & R. Westbrook, eds, *The origins of diplomacy*. Baltimore, MD: Johns Hopkins University Press.

Faure, G. O. (1991). La Négociation, de la théorie au réel. *Encyclopaedia Universalis, Universalia*, 245 - 248.

Faure, G. O. (1995a). Conflict formulation: Going beyond culture-bound views. In B. Bunker & J. Z. Rubin (eds) *Conflict, Cooperation, and Justice*. San Francisco, CA: Jossey-Bass, 39 - 57.

Faure, G. O. (1995b). Research on negotiations in China. *PINPoints*, 8, 5 - 6.

Faure, G. O. (1998). Negotiation: The Chinese concept. *Negotiation Journal*, 14(2), 137 - 148.

Faure, G. O. (2000a). La négociation: Situations et problématiques (avec Mermet L., Touzard H., & Dupont C.). Paris, France: Editions Dunod.

Faure, G. O. (2000b). Traditional conflict management in Africa and China, in I. W. Zartman, *Traditional cures for modern conflicts: African conflict medicine*. Boulder, CO: Lynne Rienner Publishers.

Faure G. O., & Rubin, J. Z. (1993). *Culture and negotiation*, Newbury Park, CA: Sage.

Feist, J. D., & McCullought, D. R. (1976). Behaviour patterns and communication in feral horses. Z. *Tierpsychologie*, 41, 337 - 371.

Fisher, R., & Ury, W. (1981). *Getting to yes: Negotiating agreement without giving in*. Boston, MA: Houghton Mifflin.

Fraser, A. F. (1992). *The behaviour of the horse*. Wallingford, UK: C. A. B. International.

Graham, J. L. (1983). Brazilian, Japanese, and American business negotiations. *Journal of international business studies*, 14(1), 47 - 61.

Graham, J. L., & Sano, Y. (1984). *Smart bargaining: Doing business with the Japanese*. Cambridge, MA: Ballinger.

Graham, J. L., et al. (1988). Buyer-seller negotiations around the Pacific Rim: Differences in fundamental exchange processes. *Journal of consumer research*, 15, 48 - 54.

Graham, J. L., Evenko, L. I., & Rajan, M. N. (1992). An empirical comparison of Soviet and American business negotiations. *Journal of international business studies*, 23(3), 387 - 418.

Gulliver, P. H. (1979). *Disputes and negotiations: A cross-cultural perspective*. New

York, NY: Academic Press.

Gurney, O.R.(1990). *The Hittites.* London, UK: Penguin.

Hampden-Turner, C., & Trompenaars, A.(1993). *The seven cultures of capitalism: Value systems for creating wealth in the United States, Japan. France, Britain, Sweden, and the Netherlands.* New York, NY: Doubleday.

Hofstede, G.(1980). *Culture's consequences: International differences in work-related values.* Beverly Hills, CA: Sage.

Jönsson, C.(1979). *Soviet bargaining behavior: The nuclear test ban case.* New York, NY: Columbia University Press.

Keiper, R. (1986). Social structure. *Veterinary clinics of North America, Equine practice.* 2(3),465 - 483.

Kelley, H.H.(1966). A classroom study of dilemmas in interpersonal negotiation. In D. Archibald, ed., *Strategic interaction and conflict.* Berkeley, CA: University of California Press, pp.49 - 73.

Kissinger, H.(1979). *The White House years.* New York, NY: Little Brown.

Lall, A. (1968). *How communist China negotiates.* New York, NY: Columbia University Press.

Lawrence, P.(1964). *Road belong Cargo: A Study of the Cargo movement in the Southern Madang District, New Guinea.* Manchester, UK: University of Manchester.

Lewicki, R.(1997). Teaching negotiation and dispute resolution in colleges of business: The state of practice. *Negotiation Journal,* 13,253.

Litterer, J., & Lewicki R.(1985). *Negotiation.* Homewood, IL: Irvin.

Luce, R., & Raiffa, H.(1957), *Games and decisions: Introduction and critical survey.* New York: Wiley. (Reprinted New York: Dover, 1989).

March, R.M.(1988). *The Japanese negotiator: Subtlety and strategy beyond Western logic.* Tokyo, Japan: Kodansha International.

McCreary, D.R.(1986). *Japanese-U.S. business negotiations: A cross-cultural study.* New York, NY:Praeger.

McCort, W.(1984). Behavior of feral horses and ponies. *Journal of animal science,* 58 (2),493 - 499.

Moran, W.L.(1992). *The Amarna letters.* Baltimore, MD: Johns Hopkins University Press and London, UK.

Morrow, J.D.(1994). *Game theory for political scientists.* Princeton, NJ: Princeton University Press.

Murray, C.(1998). *What it means to be a libertarian.* New York, Broadway Books.

Nader, L., & Todd, H.F.(1978). *The disputing process: Law in ten societies.* New York, NY: Columbia University Press.

Nash, J.F.(1950). The bargaining problem. *Econometrica,* 18,155 - 162.

Nash, J.F.(1953). Two person cooperative games. *Econometrica,* 21,128 - 140.

Pruitt, D. (1997). Ripeness theory and the Oslo talks. *International negotiation*, 2,177 - 182.

Pruitt D., & Rubin, J. Z. (1986). *Social conflict: Escalation, stalemate, and settlement*. New York, NY: Random House.

Pye, L. (1982). *Chinese commercial negotiating style*. Cambridge, MA: Oelgeschlager, Gunn, & Hain.

Raiffa, H. (1982). *The art and science of negotiation*. Cambridge, MA: Harvard University Press.

Redford, D. B. (1992). *Egypt, Canaan, and Israel in ancient times*. Princeton, NJ: Princeton University Press.

Roux, G. (1992). *Ancient Iraq*. London, UK: Penguin.

Rubin, J. Z., Pruitt, D., & Kim, S. H. (1994). *Social conflict: Escalation, stalemate, and settlement*. New York, NY: McGraw-Hill.

Rubinstein, A. (1982), Perfect equilibrium in a bargaining model. *Econometrica*, 50, 97 - 109.

Salacuse, J. W. (1991). *Making global deals: Negotiating in the international market place*. Boston, MA: Houghton Mifflin.

Salem, P. (1993). A critique of Western conflict resolution from a non-Western perspective. *Negotiation Journal*, 9,4.

Schelling, T. (1978). *Micromotives and macrobehavior*. New York, NY: Norton.

Smith, R. F. (1989). *Negotiating with the Soviets*. Bloomington, IN: Indiana University Press.

Solomon, R. (1985). *Chinese political negotiating behavior, 1967 - 1984*. Santa Monica, CA: Rand.

Spector, B. (1998). Negotiation readiness in the development context: Adding capacity to ripeness. Paper presented at the Annual Conference of the International Studies Association, Minneapolis, MN.

Strauss, A. (1978). *Negotiations: Varieties, contexts, processes, and social order*. San Francisco, CA: Jossey-Bass.

Tuso, H. (2000). Indigenous processes of conflict resolution in Oromo society. In I. W. Zartman, ed., *Traditional cures for modern conflicts: African conflict medicine*, Boulder, CO: Lynne Rienner.

Trompenaars, F. (1993). *Riding the waves of culture*. London, UK: Nicolas Brealey Publishing.

Ury, W. (1990). Dispute resolution notes from the Kalahari. *Negotiation journal*, 6,3.

Wall, J. (1993). Community mediation in China and Korea: Some similarities and differences. *Negotiation Journal*, April.

Waring, G. H. (1983). *Horse behavior: Traits and adaptations of domestic and wild horses, including ponies*. Park Ridge, NJ: Noyes Publications.

Weiss S. E., & Stripp, W. (1985). Negotiating with foreign persons: An introduction for Americans with propositions on six cultures. New York, NY: New York University, Stern School of Business, Working Paper 85 - 6.

Zartman, I.W., ed. (2000). *Traditional cures for modern conflicts: African conflict medicine*. Boulder, CO: Lynne Rienner Publishers.

Zartman, I. W., & Faure, G. O. (forthcoming). *Escalation and negotiation*. Ann Arbor, MI: University of Michigan Press.